ルーキー新一のイヤーンイヤーン人生

序にかえて

「笑い」にかかわり、「笑い」をつくりつづけて、六十五年が過ぎた。この間、私は何本のテレビ番組をつくったのか、三十年ほど前に数えたとき、三千本は超えているとわかったが、それ以降はこまかくカウントしていない。五千本は超えていると思うが、テレビマンとして番組をつくる本数が多いから優れているわけでもない。私がテレビマンになった頃は番組をＤＶＤ化して販売することなどなかったし、そもそも番組はすべて生放送だったので、テレビ番組は放送すれば消えてしまうものだった。映画監督ならつくった作品はフィルムとして残るが、テレビの演出家は作品が消えるだけだった。それゆえ、つくった番組の数より人々の記憶に残る作品を残したいと思ったものだ。

幸いにして三十代の時に演出した『てなもんや三度笠』は現在でも「伝説の番組」とまでいわれているようだし、四十代～五十代にかけての『花王名人劇場』ではマンザイブームをつくり、記憶に残る番組をつくってきたという自負がある。

そしてお笑い番組つくりの中で、私が「育てた」といわれる芸人たちがいる。お笑い番組に限らず、記憶に残る番組からはかならずスターが生まれている。とりわけ、お笑い番組はその傾向が顕著である。番組名を思い出すと、かならずその番組から生まれたお笑いスターの名が浮かぶはずである。私でいえば、『てなもんや三度笠』なら藤田まこと、白木みのる、財津一郎、『新婚さんいらっしゃい！』なら桂三枝（現文枝）、１９８０年代にマンザイブームを起こした『花王名人劇場』からは、横山やすし・西川きよしを筆頭に、ザぼんち、コントレオナルド、コント赤信号、島田紳助・松本竜介、今いくよ・くるよ、宮川大助・花子……と数多くの漫才コンビがスターになっていった。

ただ「育てた」といっても、演出家には色々なタイプがある。私の場合は、埋もれていた才能ある芸人を陽の当たる舞台にあげるのも演出家の仕事だと思い、光の当たらない地下から明るい地上に彼らを引き揚げてきた。いわば地下からエレベーターに乗せて地上にあげるのが演出家の仕事のひとつだと思ってきた。ところが、演出家によっては地上にあげたら、その芸人と同じエレベーターに乗り、展望台までついていく人がいる。どうも、この展望台まで一緒に行くというのは、私は苦手である。人気の階段を昇る芸人につきまとうような気がするのだ。演出家はあくまでその芸人がスターへのスポットライトがあたる道を用意して、手助けをするものだと考えている。そのあと大きく羽ばたいてくれればいいし、また大きく羽ばたいてくれることを願った。幸い、私が手助けした芸人たちはみんな大きく羽ばたき芸能界に足跡を残してくれた。ただ一人の芸人を除いて……。

そのただ一人の芸人、それはルーキー新一である。天才といっていいほどの芸人だったが、もう知る人も少なくなった。

振り返ってみれば、ルーキー新一は、彼がまだ無名の頃、私が一番心躍らされ、彼をスポットのあたる場に引き上げてやりたいと思った芸人だった。まだ駆け出しの演出家だった私は、これは藤田まことに続いて、次の時代をつくる芸人だと思い、彼を起用し続けた。ところが……。

私がコレだ！　と入れ込んで育てた芸人たちは、みんな地下から地上に出ると大輪の花を咲かせてくれた。ただひとりルーキー新一だけが違う方向にいった芸人だ。他の人達はお笑いの歴史に名を刻める足跡を残しているだけに、不思議な気がする。なぜ、ルーキー新一だけが、取り残されたのだろうと……。

ルーキー新一には、不運という言葉がぴったりする芸人だと誰かがいった。たしかに彼には人気絶頂期にいくつもの不幸が重なって続いた。よくいわれた借金癖など、ルーキー新一本人にも非があるといえばいえるが、芸人の世界では借金の話などいくらでも転がっている。たいていは、本人が売れていくとともに借金の話は消えて「あの頃は金がありませんでしたなあ」という笑い話に化けていくのである。

今でも多くの人の記憶に残っているようなギャグをルーキー新一が考え、演じ、スターへの道を進もうとすると、こぼれ落ちるように運が逃げていった。

なぜなんだろう、なぜルーキー新一だけに不運がまとわりついたのか。それが、私が若い頃に入れ込んだ「天才」だっただけに「なぜ」という思いが強く残る。もし、ルーキー新一が私と出会わなければ、芸人としては平凡な人生を終えたかもしれないが、人間としては平凡ゆえにそれなりに幸せな生涯を過ごしたかもしれない。

こんな思いを巡らせてみると、私にとってルーキー新一は「なぜ」と「悔い」だけを残して逝ってしまったお笑い芸人だったのかもしれない。

そして今、ルーキー新一の余りにも早かった四十四年の生涯を振り返ると、私は彼について、なにを知っていたのだろうと思わざるを得ない。

ルーキー新一が去って四十年の日々が流れた。だが、月日が経てばたつほど、私は彼について書かねばならないと思いが強くなるばかりである。

目次

資料協力　梅乃ハッパ
資料制作　大西康裕

なぜ「笑い」なのか

私は昭和八年に大阪で生まれ、父親の仕事の関係で、二歳から小学生時代を終戦になり引き揚げるまで京城（現在のソウル）で過ごした。日中戦争から太平洋戦争へと、戦争が拡大して行く時に小学生だった私が学校で習った事と言えば、木製の模擬銃を使った突撃訓練やアメリカ軍の飛行機を見分けるために描かされた絵だった。だから、自分も大きくなったら兵隊さんになるものだと思い込んでいた。

ところが終戦になり、日本に帰る事になった。苦労して父親の故郷である富山県の高岡に引き揚げ、中学三年からは兵庫県の尼崎に住むことになった。物心がついてからの京城での生活や引き揚げてきてしばらくの間は、辛く苦しいことが多く、我慢を強いられる事が少なくなかった。

そんな時に私を笑わせてくれたのが、暖房のない雪国の映画館で見た「エノケンシリーズ」だった。「エノケンは面白いなあ」と笑いにしびれてしまい、その後尼崎に住むようになってからも、満員の梅田劇場で背伸びをしながらエノケンの『らくだの馬さん』や『エノケンの法界坊』の舞台を見て大いに笑わせてもらった。

大学卒業後に縁あって、昭和三十年に朝日放送に入社。もうその時には「お笑い」をやりたいという意思がはっきりと決まっていた。まだテレビのない時代で当時の朝日放送はラジオ放送を生業としていた会社だった。

ラジオ局といえば、花形はニュース番組などと思われていた時代である。そこに「お笑い」をやりたいというおかしな新人が入って来たという事で社内で話題になったというのは、ずいぶんと時が経ってから聞いた話だ。

そのかいあってか、私はラジオ制作部に配属され、演芸担当のプロデューサーを命ぜられた。

私はもちろんお笑いは好きなのだが、それ以上に嫌いだったのが、あの戦争時代の暗い雰囲気だった。大声で笑うことも憚られて、楽しそうに木製の銃で遊ぶ事が何か悪いことをしているような気にさせる雰囲気だ。

お笑いは不謹慎だと禁じられていたという記録もいろいろある。

エノケンと並び称された喜劇王ロッパが「戦時中、われわれ喜劇役者は、一日として安らかな日はなかった」と書いているのを『喜劇人回り舞台ー笑うスターー五十年史』で紹介したのは映画・演劇評論家として活躍した旗一兵だった。

私にとって、笑いの対義語は、「泣く」ではなく「戦争」であったのだ。

出会いはラジオ番組『漫才教室』

だからなのか、私は「笑い」に対して非常に敏感で貪欲であったと思う。

そんな私が朝日放送に入社した昭和三十年、同期入社にのちに必殺シリーズをプロデュースする山内久司がいた。当時、朝日放送はラジオ単営局で開局してまだまもない、今でいえばベンチャー企業のような会社だった。そのため、入社してくる社員は縁故入社ばかりで、いわゆる一般入社をしたのは、私と山内のふたりが最初だった。もっとも、私の場合、大学で卒業単位を早くから取り終えていたので、入社前の一月から、アルバイトという形で研修をしていた。おかげで、四月に正式に社員として入社すると、演芸班に配属され、いきなり寄席中継番組『東西寄席風景』をまかされた。同番組は東京のＫＲＴ（ラジオ東京・現ＴＢＳ）との共同制作で、東京と大阪の寄席からの二元中継で、東京は桂文楽（八代目）や三遊亭円生（六代目）、古今亭志ん生（五代目）が出演し、大阪からは松鶴家光晴・浮世亭夢若、中田ダイマル・ラケットらが出演していた。当時の放送局は寄席の人気芸人と専属契約を結んでいて、この『東西寄席風景』はそんな専属芸人が登場する看板番組のひとつだった。同番組はまだスタートしたばかりで、私は入社していきなり演出プロデュースをまかされ、中継前の前説を寄席の観客の前で話すとき、足が震えた思い出がある。

その後、昭和三十二年になり私は朝日放送の専属漫才コンビ、松鶴家光晴・浮世亭夢若が司会をする新しい番組『漫才教室』をスタートさせた。放送は毎週火曜日の夜七時からの三十分、ゴールデンタイムだ。

『漫才教室』は、私が企画・制作をして初めてのヒット作品となった。

この番組は素人の漫才コンテストで、司会の松鶴家光晴・浮世亭夢若の他に、審査委員長が漫才の神様と呼ばれた秋田實、それに放送回によって変わる人気漫才コンビがゲスト審査員であった。

出演する素人はステップアップしていき、初等科から中等科、高等科まであって、卒業試験で終わる。賞金は二千円からはじまり卒業試験に合格すると一万円がもらえた。一万円といえば、当時の大学卒の初任給が七〜八千円なので素人参加者にすれば相当の金額

公開番組だった『漫才教室』。右の白い衣裳の二人が司会の松鶴家光晴（右）と浮世亭夢若（左）、中央にゲスト出演の夢路いとし（右）・喜味こいし（左）、左でインカムをつけているのが澤田隆治。

だった。

大阪の大正区でそろばん塾「直井珠算塾」をやっていた直井新一（後のルーキー新一）さんが、番組予選にやってきたのは番組がスタートしてすぐのことであった。町の青年会の会長と副会長コンビという事で本選にも出場。たちまちのうちに卒業してしまった。そのぐらい群を抜いた漫才のテクニックを持っていた。かわいらしい顔から放つ漫才は、私の笑いに対する感性を大いに刺激してくれた。

ただ、このとき、直井新一さんがコンビを組んでいた相方については、記憶が曖昧だ。ネット上では、弟の正三（後のレッツゴー三匹のレツゴー正児）と記されている

『漫才教室』の司会者、浮世亭夢若（左）と松鶴家光晴（右）。

が誤りである。またプロになったとき、相方になった黒崎清次（後のルーキー清二）さんとも違う。黒崎さんは『漫才教室』に出演したときは、夜久秀二郎さんとコンビを組んでいた。夜久さんについては覚えている。卒業試験に合格した第一号だったと思う。『漫才教室』への応募は毎週二〜三百組あり、このうち葉書選考した二十〜三十組が予選会（オーディション）に来ていた。当時新朝日ビルの十二階にあったリハーサル室が会場だったが、番組スタッフは私ひとりだった。かけ持ちで数番組を担当していた私は、収録やら編集があり、とてもひとりでは手が回らない状態だった。そこで予選会の整理など、アシスタント業

番組のアシスタントだった夜久秀二郎さん（左）はのちに平和日佐丸（三代）になり平和ラッパ（二代）とコンビを組んだ。

務を夜久さんにお願いしていた。しばらくして夜久さんは番組の司会者だった浮世亭夢若の弟子になった。夢若が和歌山の白浜で急死したあと、一時、師匠・夢若の相方の松鶴家光晴と組み、浮世亭秀若と名乗っていたこともある。その後は二代目平和ラッパとコンビを組み、三代目平和日佐丸を襲名している。

夜久さんの相方・黒崎清次さんについては、番組に出演しただけで記憶がおぼろげだが、娘さんの愛子さんがよく覚えていた。夜久さんと黒崎さんは本人たちが出演するだけでなく、それぞれの娘さんが少女コンビとして出演していたのだ。小学生だった愛子さんたちは何度か出演して、賞金と副賞の双眼鏡をもらったそうだ。「賞金はお父さんが全部持っていきました」というから、自分たちは卒業していたため出演できないので、娘たちに賞金稼ぎをさせていたのだろう。確かに『漫才教室』には、大人や若者がオーディションに来ていたが、小中学生の子どもコンビがいっぱい来ていた。愛子さんもそんな子どもコンビの一組だったのだろう。中学生だった木村雄二(後の横山やすし)くんや高校生の前田達(後の桂枝雀)くんが出演していたことはよく覚えている。

しかし、直井新一さんの相方になると……。

この疑問をルーキー新一の弟子だった梅乃ハッパさんにぶつけたら、調べてくれた。直井新一さんの相方は、ソロバン塾の生徒の友人だったそうだ。ただこの人は芸人にならなかったため、私の記憶に残っていなかったのだろう。

所帯持ちで芸能界入り

私自身は昭和三十三年の春には、大阪最初の民放テレビの大阪テレビ(後の朝日放送)

に出向させられ、『漫才教室』の担当からはずれた。番組は昭和三十六年五月まで放送していたが、その頃私はテレビの演出家として三月スタートの『アチャコのどっこい御用だ』と四月スタートの『スチャラカ社員』にかかわっていたので、『漫才教室』のその後のことはよく知らない。ただ、『漫才教室』の「同窓会」と称して、卒業試験を合格した人たちが集まっているという話は耳にしていた。この「同窓会」の世話人というか、仕切っていたのが横山やすしさんだった。

天才は天才を知るとでも言うのだろうか。横山やすしさんはルーキー新一の事を『まいど！　横山ですーど根性漫才記』にこんな風に書き残している。

「その頃、漫才教室出身の芸人が急増し、私たちの入っている松竹新演芸の方へ、直井さん（後のルーキー新一）等が入って来た。と言うのは、朝日放送の漫才教室をヒントにしたわけじゃないが、秋田先生を筆頭にうちの会社内で『漫才の新入生募集』と新聞広告に出したもんだから、新聞を見た人達がワンサと来たのである。

その中の一員ではないが、直井さんと一緒にコンビを組んできた相方の黒崎清次さんは、一年ほど前に私と同じ漫教出身の夜久秀二郎さん（のちの平和日佐丸）と最初はコンビを組んでいて漫教の司会者である光晴・夢若師の門をたたいて弟子入りして舞台にあがったが、相性があわずしてコンビ別れしたのだったが、それぞれ蛇の道は蛇で、黒崎清次さんは当時大正区でそろばん学校を営っていた直井新一さんを口説いて、以前の千土地の千日劇場の方をやめて、そのあと松竹に入社して来たのである」

この文章には少し説明がいる。

黒崎さんが『漫才教室』で直井さんとコンビを組んでいたというのは、横山やすしさんの勘違いだ。黒崎さんの相方は夜久さんだ。その夜久さんが浮世亭夢若の弟子になった関係から、夜久さんと黒崎さんは夢若のいる同じプロダクションに入った。それが新生プロという事務所だった。

一方、『漫才教室』の審査員長だった秋田實は夢路いとし・喜味こいし、ミスワカサ・島ひろし、秋田Aスケ・Bスケらをメンバーに上方演芸というプロダクションを率いていた。昭和三十三年五月に角座が演芸場として開場したことをうけ、十一月に上方演芸と新生プロが合併し松竹新演芸となる。この松竹新演芸が現在の松竹芸能の前身になる芸能プロダクションだ。

横山さんは「以前の千土地の千日劇場をやめて、そのあと松竹に入社」と書いているが、新生プロの前身は千土地興行といい千日劇場が拠点劇場だった。しかし、千土地興行が新生プロになったのは昭和三十年、『漫才教室』を放送する前なので、黒崎さんが千土地に所属していたことはありえない。おそらく新生プロで千日劇場に出ていたのが、松竹新演芸になり、角座にも出られるようになったと言いたかったのではないだろうか。

ただ、黒崎さんの相方・夜久さんは別の相手と漫才コンビを組んでしまった。

黒崎さんはひとりになり浮いてしまう。そこで「同窓会」で知り合った直井さんとコンビを組むことになり、直井さんを松竹新演芸に引っ張り込んだということになる。

黒崎さんが直井さんを「口説いて」と横山やすしさんが書いているのにはわけがある。ソロバン塾の先生をしていた時、すでに直井さんは結婚していて所帯持ちだったのだ。それゆえに、黒崎さんには直井さんひとりではなく、家族を含めて口説く必要があったのだろう。事実、直井さんの最初の妻（幸子さん）は、彼が漫才デビューして間もなく糟糠の妻になることを拒否してその元を去っている。

もっとも、黒崎さんもすでに結婚していて子どもまでいた。口説く方も口説かれる方も所帯持ちという異色の漫才コンビが誕生したのだ。黒崎さん二十九歳、直井さんは二十四歳、オジさんとまではいわないが、若くない漫才コンビである。所属する松竹新演芸にもそれなりの期待があったのだろう、「梅野松夫・竹夫」とコンビ名に「松竹」の二文字を

梅野松夫・竹夫といった当時の写真。ルーキー新一・清二のときと立ち位置が逆になっている。

つけている。

ところが、晴れてプロの漫才師になったとはいえ、新人コンビが舞台に上がれる環境ではなかった。戦前から活躍していたベテラン漫才コンビがいたし、民放ラジオ局の出現でスターになった中田ダイマル・ラケットをはじめとする戦後世代の人気者がいる。その上、合併して大所帯になった松竹新演芸には多くの漫才コンビがいる。新人の梅野松夫・竹夫が角座に出演する機会はほぼないし、また千日劇場も松竹系の芸人ばかりでなく吉本興業の芸人も出演していた。

梅野松夫・竹夫は「出番がない」という新人コンビの悲哀を味わうことになる。そ

吉本興業でルーキー新一・清二となのる。

のため、二人とも漫才師になる前の職業との兼業を強いられることになる。梅野竹夫はソロバン塾の先生をしながら、梅野松夫は紙芝居屋をしながら、数少ない千日劇場の舞台に立っていたようだ。

この出番が少ないコンビに吉本興業が移籍をうながした背景は、うめだ花月劇場を昭和三十四年にオープンさせ、出演陣の充実をはかる必要があったためだ。当時の関西の演芸小屋（劇場）は、吉本興業系の梅田、難波、京都の花月劇場、松竹芸能系の角座、新世界花月、神戸松竹座、これにのちに松竹芸能になるドリーム観光の千日劇場の七館あった。

黒崎清次さんと直井新一さんは「梅野松

夫・竹夫」のコンビ名を捨て、昭和三十五年、出番の少ない松竹芸能から吉本興業に移籍する。ホームグラウンドはその前年にオープンしたばかりのうめだ花月劇場だ。この時からコンビ名を「ルーキー新一・清二」と変えた。横山やすしさんも前述の書籍のなかで、「吉本に移ってからルーキー新一・清二の芸名に変わり」と触れている。

漫才から喜劇へ

当時の吉本興業系には、スター漫才コンビが手薄だった。この弱さをカバーするために、吉本ヴァラエティやポケットミュージカルスというコーナーに力を入れていた。これが当たり、現在の吉本新喜劇に発展していくのだが、当時演芸八本のうち、漫才は四組から五組ぐらいの出番しかない。これでは吉本興業系でも新人漫才師にはなかなか出番はないし、人気も出ない。そこでポケットミュージカルスにコメディアンと新人演芸陣の混成チームを起用するようになった。ルーキー新一・清二の新人コンビもポケットミュージカルスで使われるようになる。このポケットミュージカルスが吉本新喜劇になるのだが、ここでルーキー新一のコメディアンとしての才能が光り出す。のちに彼の弟子になる梅乃ハッパさんはコメディアンルーキー新一が漫才から喜劇に向かった事情を聞いている。

「まず台本を覚えるのが誰よりも早かったそうです。唄を覚えるのも早い、しかも笑いをとることにすごく敏感でした。ともかく一言一句覚えるのが早いので、芝居（をやったら）どうやという話がきたそうですわ」

セリフ覚えが早いというのは、役者にとって大いなる武器である。こればかりは天性のもので努力すれば上達するといったものではない。また、笑いに敏感だったという点は弟子のハッパさんが何度も目にしている。

「パッと舞台に立った瞬間、その日の客筋が見えているんです。なんでわかるのかと思いますが、師匠がひと言いうとドッカーンと笑いが来る。都会であろうと地方であろうと、大きな劇場であろうと、小さな小屋でもどこへいっても舞台に上がった瞬間にドッカーン、ドッカーンでした。私は不思議でなりませんでした」（梅乃ハッパ）

漫才師が芝居をやるこの吉本の喜劇スタイルは「アチャラカ芝居」とよばれ、上演時間は四十分から一時間ぐらいで、数人の人気者を中心に十四～十五人の編成、しかも「この出演はすべて漫才師」（読売新聞・昭和四十年五月二十二日付）だと書かれ、吉本以外のプロダクションでも上演するようになる。ルーキー新一が吉本に所属して五年後には、アチャラカ芝居の人気者のひとりにルーキー新一の名が載っている。
「松竹芸能の〝松竹爆笑三人組〟（上方柳次・柳太、森乃福郎）、千日劇場の〝千日コメディ〟（笑福亭松之助、吾妻ひな子、横山アウトほか）、〝吉本新喜劇〟の（平参平、ルーキー新一、白木みのるほか）」（同上）
気がつけば、ルーキー新一・清二の漫才コンビは自然と解消していた。

ルーキー新一をテレビで起用

ラジオ番組の制作プロデューサーとして、昭和三十二年度の民間放送コンクールで『漫才教室』が演芸娯楽部門優勝、『上方寄席囃子』は連盟奨励賞、『浪曲歌合戦』は視聴者参加部門で連盟奨励賞と私が担当した三番組が受賞した。これで私はラジオでやっていけると自信を得ていたが、三十三年二月から大阪テレビに出向させられた。ラジオ局だった朝日放送が大阪テレビと合併し、テレビに進出する先行部隊としての出向だった。正直、よ

『てなもんや三度笠』で色々な役柄を演じ、定期的にゲスト出演した。写真左より山田太郎、ルーキー新一、藤田まこと、香山武彦。

うやくラジオ番組づくりがおもしろくなってきたところだったし、家庭への普及度も低い、海のものとも山のものともわからぬテレビへの出向は意に染まぬ辞令だった。それでも「ラジオからテレビに行かなければクビや」と上司に脅されて渋々テレビに行かざるをえなかった。しかも、テレビに行くとインカムをして、スタジオをコマネズミのように這い回るAD（アシスタントディレクター）だった。やってられないという思いが強かったが辛抱するしかなかった。

やがてADを半年ほどやっただろうか、その年の秋からディレクターをやらされた。これは大阪テレビと朝日放送の合併に伴う

『スチャラカ社員』の出演陣。左より長門勇、ルーキー新一、ミヤコ蝶々、中田ダイマル、中田ラケット、藤純子。

措置で、大阪テレビの主力だったテレビ演出陣が新局の毎日放送にいき、残された私と数名の社員が朝日放送のテレビ制作の主力になったためである。それでも、なんとか放送できたのは冷や汗ものだが、不思議な時代だったと思わざるをえない。

このAD時代に知り合った藤田まことさんを起用して、ラジオで演芸台本を書いていた香川登志緒さんに脚本を頼み、私が立ち上げたのが昭和三十七年の五月にスタートさせた『てなもんや三度笠』だった。今だからいえるが香川さんに脚本を担当させるといったとき、局内で猛反対された。

「漫才の台本書いている奴が芝居の台本を書けるわけがない。ちゃんとした劇作家な

『ごろんぼ波止場』でも「イヤーン、イヤーン」のギャグを連発。写真左より夢路いとし、ルーキー新一、白木みのる、ヘレン杉本。

りシナリオライターにしろ」といわれた。演芸作家の地位が劇作家より一段低くみられた時代だったのだ。それでも私は香川さんでと押し通した。とはいえ、今でこそ「伝説のお笑い番組」などといわれ持ち上げられているが、放送が始まった頃はなかなか軌道に乗らずやきもきしたが、三十八年の正月を迎える頃には視聴率も二ケタになり、番組打ち切りの危機を脱し、どうやら当初の予定通りの道中記である大坂から江戸までの道中を続けられそうだった。

私はやっとコメディアンとして芽の出たルーキー新一を待ってましたとばかり、三月の小田原の宿の回で起用、その後も月一回ぐらいの割合で役柄を変えて登場させた。

柳家金語楼をゲストに迎えて撮られた『ごろんぼ波止場』の出演陣。前列左よりルーキー新一、平参平、茶川一郎、香川登志緒（監修）、藤田まこと、白木みのる、柳家金語楼、野川由美子、人見きよし。後列左から喜味こいし、夢路いとし、横山アウト、岡八郎、浅草四郎、西岡慶子、笑福亭松之助、なべおさみ、澤田隆治（演出担当）。

夜鳴きそば屋、神官、旅芝居の座員、漁師、丁稚といった具合である。同時に私が演出していた『スチャラカ社員』にもルーキー新一を使った。

三十九年の十月には、三本目の公開コメディ『ごろんぼ波止場』が始まり、ここでも当時の大スターであった茶川一郎、人見きよし、白木みのる、野川由美子、夢路いとし・喜味こいし、笑福亭松之助などのベテラン陣に対し、大阪で売り出し中のお笑い陣の代表ともいうべきポジションでルーキー新一を登場させ、ギャグバトルを繰り広げた。

この頃、出演した公開演芸番組『トップ寄席』のチラシに人気が出始めた様子を

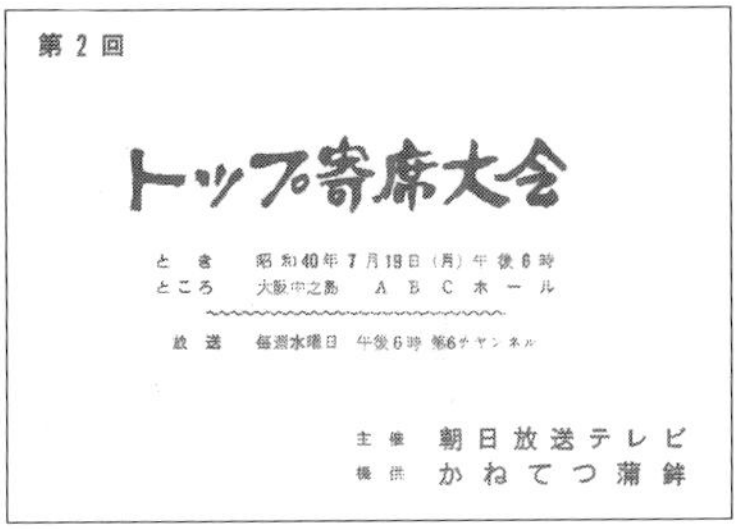

昭和40年7月10日に収録された『トップ寄席』のチラシ表紙。本文中にはルーキー新一の似顔絵にプロフィールが添えられている。

ルーキー新一が語っている。

「最近は、『ごろんぼ波止場』や『てなもんや三度笠』に出してもろてるお蔭で、ちょいちょい週刊誌なんかにも載してもらうと、ファンレターが来ますねん。日に平均十五通ぐらいかいな、毎日せっせと返事は書いてますけど、やっぱり嬉しいもんでんな」

文章は構成作家の尾上たかしの筆によるが、人気者になっていく芸人の心情がうかがわせるほほえましいものだ。なお、このチラシにはルーキー新一のプロフィールに添え、似顔絵が載っている。

『てなもんや三度笠』でギャグ連発！

次第にその面白さが認められるようになって来たルーキー新一ではあったが、決定的に全国に認められたのが四十年四月から始まった『てなもんや三度笠』の北陸シリーズでのレギュラー出演だ。

伊東ゆかり扮する大坂の豪商、鴻池善右衛門の娘とルーキー新一の丁稚のちょろ松との珍コンビに、あんかけの時次郎と珍念の面白道中がからむこのシリーズは、伝説的にもなっている大阪64・8パーセント、東京42・9パーセントの最高視聴率を記録した。

ルーキー新一のレギュラー出演の第一回目は、船場の豪商、鴻池善右衛門の家の前で、ルーキー新一の丁稚ちょろ松が掃除をしているところからスタート。

『てなもんや三度笠』では、タイトルが終わってすぐに出てくるトップバッターは、笑いを取らないと失格である。丁稚のルーキー新一には、番頭役の東京のベテランコメディアンを噛み合わせることになっていて、丁稚をいびる番頭に丁稚がギャグで応酬する。この時の香川登志緒さんの台本には、一番笑いの取りやすい引っ込みゼリフに、ルーキー新一の創出した流行語「バカね、ほほほ」と「これはエライことですよ」がちゃんと書き込まれているが、「イヤーン、イヤーン」のギャグは入っていない。シリーズ第一回の台本が上がった四十年三月当時は「イヤーン、イヤーン」はまだルーキー新一の新しいギャグだったので、香川さんの台本には入っていなかったのだ。

しかし、リハーサルの時、私は「イヤーン、イヤーン」を一番最初のギャグとして使うことに決めていた。

ちょろ松が掃除をしているところへ番頭が出てくる。

番頭　オーイちょろ松！　ちょろ松どん

ちょろ松　なんぞいや

番頭　なんだその返事は！　仮にもお前は北船場の鴻池屋の丁稚だぞ、言葉遣いに気をつけなさい

と台本は続き「なんだその返事は！」のところで、ちょろ松は箒を投げ捨てて両手で、胸をつまみ「そんなに怒っちゃ、イヤーン、イヤーン」とギャグをかます。番頭はますます怒って張り倒す……ハズだった。

『てなもんや三度笠』でも「イヤーン、イヤーン」のギャグで爆笑を誘う。

ところが本番になって、ちょろ松が箒を投げ捨てて両手で胸をつまんだとたん、番頭が「その手はなんだ、その手は！」と突っ込んだのだ。

ルーキー新一の顔がスーッと青ざめるのがモニターでもはっきりわかった。

「仮にもお前は北船場の鴻池屋の丁稚だぞ」と番頭は芝居を続ける。

ギャグをスルーされたルーキー新一は口をパクパクさせるだけ。

なんとか立ち直ったものの、もはやパワーは半減していた。腕のあるベテランコメディアンがよくやる新人いびりであった。

コメディアンはこうして鍛えられ勝ち抜いて、どんなところへ出てもビクともしな

『てなもんや三度笠』のレギュラーになり、藤田まこと、白木みのるに迫る人気者になった。

い度胸がついて、面白さが自在に発揮できるようになるのだ。

ルーキー新一は、このベテランコメディアンが次々とゲストで出演する『てなもんや三度笠』のレギュラーで磨かれ人気を決定的にしたといってもいい。

そして香川登志緒さんの台本に「イヤーン、イヤーン」が登場するのは、三ヶ月ほど経った永平寺の門前の回になってからだった。

この「イヤーン、イヤーン」のギャグが生まれた経緯を新喜劇でいっしょだった白羽大介がのちに新聞紙上で語っている。

「舞台で突然セリフを忘れたんです。周りの連中が小声で〝おい、お前の番やぞ〟と

言うと、面食らったのか〝そんなん言うたら、いやーん、いやーん〟ってごまかしよったんです」（読売新聞平成九年四月十日付）

以来、台本に「イヤーン、イヤーン」が書き込まれたというエピソードだ。とっさに叫んだ言葉からギャグが生まれるというハプニングは喜劇ではよくあることだが、ギャグ誕生の舞台に立ち会った当事者が三十年以上も経ってその時を鮮明におぼえていたのは、イヤーン、イヤーンは強烈なギャグだったのだろう。

それにしてもルーキー新一の売れ方はすごかった。一気に爆発したかのような売れ方だった。コメディアンはひとたびおもしろくなると、なにをしてもおもしろくなるものだが、ルーキー新一の場合も、「ハアーア」と溜め息をつくだけで客は笑うし、胸を両手でつまむだけで、客が先に「イヤーン、イヤーン」と言ってしまう。ルーキー新一はその声の方をにらんで「イヤーン」で大爆笑。学校では生徒がルーキー新一のマネをするので先生が怒るとルーキー新一のギャグで返されたと苦情がきた、というエピソードが示すように、このギャグは小さな子供に強烈な印象を叩き込んだ。

吉本興業編の『吉本喜劇名場面集』という貴重な写真集の中の「吉本新喜劇ギャグ大辞典」には、ルーキー新一のギャグが五つ紹介されている。

○腰を曲げて前のめり、両胸のあたりを両手でつまんで左右に振り、「イヤーン、イヤーン、イヤーン」

○幼児的発言で「これはエライことですよ」

○口に手をあてて「あなた知らないの。ホホホン」

○「どうしたの?」

○「ウハハハハ」と思いきり笑ったあとで「アーア」と溜め息をつく。

十五年以上も吉本新喜劇の黄金時代を引っ張った「かかかいーの、かいーの?」や「血ぃ吸うたろか」のギャグで知られる間寛平の十七は別格としても、吉本で活躍した期間がわずか五年という短い間に全国に知られたギャグを五つも持っていたということはルーキー新一の天才ぶりの証明である。

ルーキー新一『てなもんや三度笠』メモリアル

『てなもんや三度笠』に出演してルーキー新一は人気者に駆け上がった。そんな彼の姿を追っていくと……。

腰を曲げた独特のポーズもルーキー新一の得意芸。写真左より白木みのる、藤田まこと、ルーキー新一、人見きよし。（162話「近江の濡衣」昭和40年6月6日放送）

伊東ゆかりとのお嬢さんと丁稚のコンビも絶妙だった。（162話）

童顔の表情で藤田まことに迫るルーキー新一。（169話「永平寺門前」昭和40年7月25日放送）

荷物を抱えて「イヤーン、イヤーン」で笑いをとる。(169話)

ルーキー新一の「イヤーン、イヤーン」に藤田まこともあきれ顔。(176話「羽咋の人びと」昭和40年9月12日放送)

藤田まこと、白木みのるとの息もぴったり。(176話)

真剣な表情で、演出の澤田隆治の話を聞くルーキー新一。リハーサル後の珍しいショットだ。

ちょっと首をかしげる可愛らしいポーズのルーキー新一。写真左より芦屋雁平、ルーキー新一、伊東ゆかり、芦屋小雁、藤田まこと、白木みのる。(194話「村上の奇習」昭和41年1月16日放送)

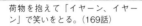

人気絶頂なのにカネがない?!

人の一生は、運と不運、幸せと不幸せがどんな配列で現れるかできまると私は思っているが順風満帆に思われたルーキー新一の絶頂期に、一つ目の不運が舞い降りて来た。

ルーキー新一は、昭和十年十一月二十七日、四国の香川県仲多度郡琴平町で生まれた。おそらく戦後間もなく一家で大阪に移住してきたのだろう、私と出会った頃は家族で大正区に住んでいた。決して裕福ではなかったが、中学二年のときにもうソロバン塾の先生をしていたということでもわかるように、賢い子どもで、病弱の父にかわって早くから一家の大黒柱であった。

ルーキー新一は四人兄弟の長兄で、弟妹は三人いる。妹二人に末弟が一人、この末弟がレツゴー三匹のレツゴー正児だ。彼はよく、

「ワシは中学しか出ていないが、弟や妹たちは全員高校までいかせ、卒業させた。これがワシの自慢や」と言っていたそうだ。確かに面倒見のいい兄だったようで、末弟のレツゴー正児も市岡商業高校を卒業している。

父の義一さんは昭和三十三年に四十六歳で亡くなっている。おそらくルーキー新一が芸

戦前、琴平町で撮った母と妹達との写真。まだ末弟の正三（レツゴー正児）は生まれていなかった。

人になろうと決意したのは、父の死がきっかけだったのではないだろうか、家族の面倒をみるために、漫才師になった方が「稼げる」と考えたのかもしれない。

もっとも、プロの漫才師になり松竹新演芸に入っても、すぐに食えるものではない。しばらくはソロバン塾とのかけもちだった。そして吉本に移籍してようやく芽が出てきて、テレビにも出演するようになる。そのころになると、ソロバン塾の方は、生徒だった山口勝義さんが引き継いだ。山口さんはのちにルーキー新一の妹と結婚しているので、ソロバン塾の経営は義弟に委ねたということになる。なおこのソロバン塾は現在もやっていて、近所の子ども達が通っ

昭和32年頃の家族写真。父義一（後列左）と母シズヱ（後列中）と四人の子どもたち。ルーキー新一は後列右、前列の中は末弟のレツゴー正児。

ているという。

ソロバン塾をやめ、テレビや寄席の舞台で売れて人気が出たといっても、お金がどんどん入るわけではない。本人にお金が入ってくるのはパアーッと人気が出て少し落ち着いてからというのが芸能界の不思議さで、一般の人はそんなことがわからないから、人気が出てくるとお金がモノスゴク入ってくると思ってそんな目でタレントを見る。本人もついミエを張るから金がかかることになる。

だから人気の出始めのタレントはいつもピイピイしている。ルーキー新一も御多分に洩れず金がなかったのだが、リハーサル室や公開ホールで会っているぶんにはそんなことはわからない。結構生活も楽になっているものと思っていたら、変な噂が伝わってきた。ルーキー新一があちらこちらで金を借りまくっているというのだ。それも吉本興業のタレントではもう貸してくれる人がいないので、他の会社の全く知らない漫才師のところへ「一身上のことで……」と会いにいって涙ながらに頼んでは金を借りているという。

〝ケチ〟の暁伸から金を借りた?!

「アーイヤー」のミスハワイ・暁伸の漫才コンビは千土地興行時代から大看板で、ルーキー新一は吉本の座長である。そのルーキーが突然、千日劇場の楽屋にたずねてきた。

「なんといっても吉本の大切な看板スターが、よく知りもしないわしのところへ頭を下げてくるのは、よほどのことやろ。なんで入り用なのかと聞くと、吉本の月給は安い、座長を張るためには何かとつき合いに金がいる。人生幸朗に借りたんだが、返済の約束の日がくると毎日のように催促されるので芝居に身が入らない。いまこの金をなんとか作らないと芸能界に居られなくなるのです、と涙をポロポロこぼして助けてくれといいよるんや。

大先輩の人生幸朗・生恵幸子の人生さんから借りた金を催促され…。

テレビにはよう出てるし、あんたもルーキーを使ってるさかい、すぐ返してくれるやろと思って貸したけど、吉本はそんなに給料安いのかい」

この暁伸さんからの電話で私は初めてルーキーの借金テクニックを知ったのだが、当時伸さんはいったんつかんだ金ははなさないといわれている人で、腹巻きの中に数百万円の札束を入れているというウワサがあった。その暁伸さんから金を借りるというのは大変なものだと私は感心したぐらいだ。だが調べてみると、人生幸朗さんに借りた金額に上乗せして暁伸さんから借りていた。どうやら、とりあえず人生幸朗さんに返して、余った金は使ってしまうという

ケチで有名な大御所の暁伸・ミスハワイの暁伸さんから金を借りた！

借り方なのだ。これでは、雪だるま式に借金は増えていくだけだ。

舞台でも毎回本涙を出すぐらいだから、借金をする時、涙を流すぐらいはなんでもない。そんな特技を知らない人はコロリと騙されてしまう。突然借金を申し込まれた漫才師の方としては、いまテレビに出まくっている人気タレントだ、貸してもすぐに返してくれるだろうと簡単に貸してしまう。

もちろん返せるわけはないから、催促されると又他のタレントのところへいく。

当時、「ルーキー新一は藤山寛美のセコイやつだ」といわれたが、これは喜劇役者としてのルーキー新一の天才的な才能を認めながらも、同じ借金をしても藤山寛美と一ケタも二ケタも違うことと、その借金の仕方がどうにも哀れっぽいところからきたものだ。ルーキー新一の才能を高く評価して、藤田まことに続くタレントとして期待していた私は、そんな噂をきくと情けなかった。

それにしても、どうしてそんなにお金がいるのか?

のちに劇団を率いるようになると、座長は何かとお金が必要になるが、彼の借金癖は吉本時代からだ。ブランド物を身につけ贅沢な生活をしていたという話も聞かないし、女性に入れ込んで貢いでいるというウワサもなかった。弟子の梅乃ハッパさんにたずねると、

「麻雀も競馬もやっていませんでした。仲間内でカードをするぐらいでしたが……」

といって言葉を濁した。ただ仲間内のカードといっても、半端なものではなかったようだ。テーブルの上には、ぼんぼんと万札が積まれ高額のお金が行き交うものだった。しかも、ルーキー新一はめっぽう弱かったと聞いた。正司敏江・玲児の玲児が私に話したことがある。

「あんな弱い人はいません、手の内がすぐ顔に出るんです。ブラフを張ってもすぐわかる、そやからルーキーさんはみんなから巻き上げられていました」

そればかりではない。仲間内のカードに飽き足らないのか、ルーキー新一は本引き賭博

の賭場にまで顔を出していたという。これでは、借金が増えるはずだ。もっともルーキー新一本人は「そもそもソロバン塾の先生から芸人になると決めたことがバクチやったんや」と嘯いていたそうだ。

破綻がくるのと本当に金がかせげるようになるのとどちらが早いかなと心配しているところへ、白羽大介、森信と一緒に吉本興業をやめるという事件が起こった。

吉本興業を辞めた理由

これは、吉本新喜劇の座長（正確には座長格）になったルーキー新一が、芸人の待遇改善を求めたが聞き入れられずに自分の劇団を作り出て行った……と言われることが多いが、実際はもっと複雑である。

私の番組はどれもこれも吉本コメディアンが中心になって笑わせていた。チームワークの問題からいっても、トラブルのあったタレントはレギュラーからはずさざるをえない。吉本興業としても、やめたタレントが従来どおり仕事をしていけるとしたら、他のタレントに対してしめしがつかないということで、共演することを拒否してくるに違いない。ルーキー新一は売れ出して座長になったといっても、これらの問題を苦にしないほどのスターになっているわけでもない。

テレビの番組は毎週収録をしなくてはいけないから、こんなトラブルの間もみんな知らぬ顔をして本番をやっていた。その間にも雲ゆきは怪しくなっていくばかり。

私はリハーサルの合間をみつけてルーキー新一に言った。

「テレビのこともあるし、どう考えても今やめるのは損だ。もっと力がついてからならなんとかなるんやから ここは我慢して吉本に残ったらどうや、それに借金は吉本をやめたとなるとたちまち取り立てにきよるぞ」

吉本もなんとしてもルーキー新一を残そうとあらゆる好条件を出して慰留につとめた。

借金のことまで知っている私を、驚いた顔をしてみたルーキー新一は言った。

「会社は私にものすごくいい条件を出してくれるんでやめにくいんですが、白羽兄さんと森兄さんは絶対に許さん。やめてもらうというんです。最初から一緒にやめようと誓って行動してきたから僕だけがよくなって二人はどうなってもいいというわけにはいきません。どんなに貧乏しても苦しくても人は裏切りたくありません」

目から涙がとめどなくこぼれ落ちて、顔をくしゃくしゃにしたルーキー新一だった。

このルーキー新一の言葉からわかるのは、ルーキー新一は吉本との交渉の際に白羽大介、森信の残留を求めたが、吉本はそれを受け入れなかったということ。吉本としてもルーキー新一が先頭に立って持ち上げた問題ではなく、担ぎ上げられたということを理解していたのだということもわかる。

しかし、借金は返さないのにこういったところではルーキー新一は、義理堅かった。

ルーキー爆笑劇団を結成したが…

吉本興業をやめたルーキー新一は、白羽大介、森信らと「ルーキー爆笑劇団」をつくった。大阪の芸能界が現在のような吉本興業の寡占状態なら、吉本の所属芸人が独立して劇団を立ち上げても潰されただろうが、当時の大阪には前述のアチャラカ芝居以外に、喜劇劇団がいくつもあった。藤山寛美の松竹新喜劇を筆頭に、大村崑、芦屋雁之助、芦屋小雁を率いて作家の花登筺が結成した「笑いの王国」、宝塚の新芸座では初音礼子の人情喜劇、

ルーキー爆笑劇団の立ち上げではオープンカーに乗ってパレード。紋付き姿の白羽大介とルーキー新一の後ろ右端に藤山寛美の姿がみえる。

千日劇場では鳳啓助・京唄子が読売テレビの『ポテチン武者修行』の収録放送をしていた。そこにルーキー爆笑劇団を立ちあげたのだから、世間の風潮はルーキー新一の勇気ある行動と好意的に受け取ったようだ。劇団結成の際、ルーキーはじめメンバーはオープンカーで大阪の街を走り、応援に藤山寛美が同乗したと報じられた。

やがてルーキー爆笑劇団は千日前の千日劇場の常打ち劇団になる。苦労ではあったが、なんとか力を落とさずに頑張っていた。吉本興業の圧力にも負けずテレビに出演できていたのは、やはりルーキー新一の面白さが抜群であったからだ。

私は彼の「人を裏切りたくない」という

ルーキー爆笑劇団を立ち上げた白羽大介とルーキー新一。吉本興業に入ったのは同時期だったが、年齢的には白羽がひと回り年長だった。

言葉にひどく胸打たれて、かなり無理をして昭和四十一年の五月からメンバーを一新することになった『スチャラカ社員』のレギュラーに加えた。吉本興業にも頭を下げて、了解してもらった。

この時、私はルーキー新一に「レギュラー出演者から金を借りないこと」という条件を付けた。そしてその一方で私は、金を貸しそうなレギュラー出演者には、「ルーキー新一が金を借りにきても絶対に貸さないように」とお願いしていた。

ルーキー新一から借金の額を聞き出し、スポンサーに頼み込んでコマーシャルに使ってもらうことにもした。

日本語、英語、仏語を話し、ビートルズ

ルーキー爆笑劇団の舞台では白羽大介と組んで漫才もした。

の来日公演の際には司会を務めたり、NHKの人気番組である『夢で逢いましょう』で活躍したE・H・エリックさんの耳が動き、ルーキー新一が「これはエライことですよ」と突っ込むタフマック（小野薬品）のコマーシャルだ。エリックさんには『てなもんや三度笠』にも出演してもらった。

私がアイデアを出しコンテを作ったコマーシャルだが、幸いなことに『スチャラカ社員』のルーキー新一もコマーシャルも好評だった。

「これはえらいことですよ」のキャッチフレーズがルーキー新一の人気を支えた。

そんなある日、ルーキー新一がお願いがあるというので、会ったら、母親がガンで

ルーキー爆笑劇団の宴会風景。ルーキー新一と白羽大介に劇団解散後、レツゴー三匹を結成するレツゴーじゅんとレツゴー正児がいる。

死にかかっている、すぐに入院させてやりたい、申し訳ないがコマーシャル料を早くいただけないだろうかと、涙ながらの頼みである。

広告代理店の支払い期日は決まっていて急には間に合わない。私は家へ電話をして銀行へ走らせたり、無理算段をしてなんとか金を用立てた。

ところがその直後に、同じやり方でミヤコ蝶々さんと長門勇さんに泣きついて断られたという話を聞いて、私は怒った。母親の病気の真偽を怒ったわけではない。ルーキー新一の才能を評価している人を〝ターゲット〟にする借金の仕方に対して怒ったのだ。

信頼の輪を広げずしてテレビタレントの人気が上がるわけはないと私は信じている。ルーキー新一の才能は惜しいが、この瞬間に私には縁のないタレントになってしまった。

こうして私の前からは消えてしまったルーキー新一だが、あれだけのおもしろさをもったコメディアンはなかなかいない。関西テレビで、ルーキー劇団のレギュラー番組の録画撮りがはじまり、道頓堀の朝日座での公演も決まるなど、明るい兆しが見えてきたように思えた昭和四十三年十月三十一日、ルーキー新一に舞い降りた二つ目の不運を知らせる電話が入った。知り合いの新聞記者からだった。

ルーキー新一逮捕！

ルーキー新一が逮捕されたというのだ。配達された朝日新聞の夕刊に、「テレビの『スチャラカ社員』などで知られたコメディアンのルーキー新一や一座の芸能人が会社重役をおどしていた恐喝事件……」という書き出しで報じられていた。

一年前の巡業の旅館で一座の女優が入っている風呂を覗いた会社重役に制裁を加えて

一ヶ月の大怪我をさせ、この後大阪へ戻ってからも慰謝料として三十五万円を脅し取った疑いで逮捕されたという内容だ。

ルーキー新一が直接絡んだ事件ではないこともあって、新聞記事の調子では大事にはならずに済みそうだった。しかし、慰謝料の交渉をしていたマネージャーが、今で言う反社会的勢力の元組員だったということが判明してから空気がガラッと変わってしまった。

加えて、それまでヨイショ記事で売っていた芸能週刊誌がこのころからスキャンダル記事を大きく扱うようになっていた。週刊誌は過去の事件と抱き合わせで大きくページをさいた。ルーキー新一はすっかり叩き甲斐のあるタレントになってしまったのだ。

昭和四十五年三月、有罪判決が新聞紙面に大きく出た。それまで一貫して犯行を否認してきたルーキー新一が、一転して有罪を認めたので、刑が確定したのだ。懲役六ヶ月、執行猶予二年だった。

裁判官は「誰しも完全無欠な行動は不可能だが、被告人は有名人として、より一層慎重であらねばならない」と諭したとある。

締め出されたルーキー新一

逮捕された二年後の判決だったが、彼が出演している劇場やメディアの対応は早かった。逮捕報道の四日後の読売新聞のラジオ・テレビ欄に「ルーキー新一締め出し」の見出しで詳細が伝えられている。

「関西の喜劇団『コメディ・プロ』のルーキー新一と白羽大介がさる三十一日、恐かつの疑いで逮捕されたため、大阪・朝日座での自主公演（五日から二十日まで）は中止、また、来年三月まで契約を結んでいる大阪・千日劇場も、一日から二十日までのルーキーらの出演をとりやめ、その後のことは、改めて検討するという。

一方、テレビ関係では、NET『チャレンジショー』、日本テレビ『スターと飛び出せ歌合戦』、NHK『土曜寄席』など、すでに収録を終えたものはすべて放送を中止するほか、コマーシャルもとりやめる」（昭和四十三年十一月四日付）

この記事では一日〜二十日まで千日劇場で常打ち公演をしながら、朝日座でも五日〜二十日まで自主公演をするようになっているが、記事を書いた記者の勘違いだ。五日から朝日座で公演予定だったが中止、また千日劇場とは常打ち公演の契約を来年三月までしていたが未定になったということだ。当然、この契約は破棄されている。

またテレビ番組やCMからも締め出されたということだが、不祥事でこれだけのことを起こしたら、損害賠償ということになるのだが、その詳報は伝えられていない。現在ならおそらく軽く億を超える金額が請求されるだろうが、当時はまだおっとりしていたのかもしれない、ルーキー新一が高額の賠償金を払わされたという報道はなかった。

四度目の妻を得て

昭和四十五年の有罪判決の一週間後、またまた下らない事件でルーキー新一の名前が新聞に出る。酒に酔いルーキー宅のお手伝いさんを殴って訴えられ、警察のご厄介になったのだ。理由は飼っていた犬へのエサのやり方が悪いというものだった。

そして新聞記事はこう伝えている。

「この日(三月十三日)、ルーキーは午前十時半から大阪市浪速区内の結婚式場『大国殿』で古賀寛子さんと結婚式をあげ、午後六時ごろ帰宅。知人十人と内輪祝いをしてかなり酔

失意のルーキー新一に手を差し伸べてくれた花菱アチャコ（左）は、戦前、漫才に革命をもたらした大御所だった。

い、お手伝いさんをなぐったあと一人で外出し、所在がわからない」（読売新聞昭和四十五年三月十四日付夕刊）

さらりと報道されているが、なんだかスゴい話だ。結婚式の夜に酔って事件を起こし、家を飛び出し所在不明とは……、その後のルーキー新一の人生を予感させるような嵐の船出という感じの結婚だった。

この女性はのちに、ルーキー新一を更に落とし穴に突き落とした悪女と週刊誌に書かれたりしたが、私の知っている寛子夫人は違う。

ルーキー新一の芸に惚れ込み、親の財産をつぎ込み、カムバックに命をかけた貞女の鑑である。恐喝事件でルーキー新一が一転して有罪を認めたのも、再起を願う彼女の気持ちに応えての行動だったのだ。

ルーキー新一は、四度結婚している。最初の妻はソロバン塾をやっている頃に出会った人で、彼女との間に一人、女の子が生まれている。この女の子・友子さんがルーキーの最期を看取った娘だ。二番目の妻は彼が芸能界に入ってしばらくして出会った。「二番目の嫁はんが一番好きやった」とルーキーはいっていたが数年も経たず別れた。三番目の妻とは人気が出た頃再々婚し、男の子をもうけている。そして、四番目の妻が寛子夫人だ。彼女は日本舞踊の名取で若い頃から東映京都撮影所に出入りしていた。美空ひばり主演の東映映画で踊るひばりの手の動きを演じた「手タレ」をやったことがあるという。

昭和四十三年、彼女は愛知県一宮市でイベントをやっていた。このイベントに出演していた花菱アチャコが彼女にルーキー新一を紹介した。草創期の吉本新喜劇を立ち上げたアチャコは、その新喜劇で人気者になったルーキー新一を可愛がっていた。恐喝事件でテレビや劇場から締め出されたルーキーに声をかけ、一宮市のイベントに参加させたようだ。八方塞がりのルーキー新一にアチャコは「師匠がいないというなら、俺を師匠と言うたらエエ。亭号がないというなら、俺の亭号を名乗ればエエ」とまで言ってくれたという。

そんなアチャコが紹介してくれた女性が寛子夫人だった。

彼女はルーキー新一と会うなり、
「あんたをもう一度芸能界へカムバックさせてあげたい。そのために、あたしのできることはなんでもしてあげたいわ」と言ったという。

世間からバッシングを受ける中でかけられた彼女の言葉にルーキー新一の心が動かされても無理はない。どちらから惹かれたのかわからぬが、やがてルーキー新一は三番目の妻と別れ、カムバックさせてあげるといった彼女と結婚する。彼女にも夫がいたが、こちらも離婚してルーキー新一との再婚に踏み切ったのだ。

一方は妻と別れ、一方は夫を捨てた再婚カップルの結婚はルーキーの再起という点では成功したといえるかもしれないが、このあと、ルーキーの周りの人々に大きな波紋を起こしたことも事実だ。

弟レツゴー正児について

話は少し前後する。事件のためルーキー爆笑劇団は解散することになるが、行き場のな

『あきれた学園』は松竹芸能所属の若手タレントを起用した公開コメディ番組。正司敏江・玲児を人気者にしたが、レツゴー三匹の初レギュラー番組だった。写真左よりレツゴー三匹（じゅん・長作・正児）、桂春蝶、正司玲児、正司敏江、上方柳太、上方柳次。

い劇団員で結成したのが、正児・じゅん・長作（最初は一修）のレツゴー三匹だった。正児はルーキー新一の弟で、三人ともあの事件にかかわったということからテレビ出演ができず、苦労していた。「一度使ってください、いい連中ですから」と三人が所属していた松竹芸能の専務が熱心に私を口説き、三人を連れてきた。

「ルーキー新一の弟というのは、正直言ってかなわんのや」と私は正児さんにはっきり言った。それでもレツゴー三匹を使う気になったのは、正児さんが少年時代、『漫才教室』に出ていたことと、市岡商業高校卒業後、関西汽船に勤めていたことだった。

私の父も勤務していた船会社だ。その会社

レツゴー三匹のレツゴー正児（中央）。ルーキー新一とは５歳違いの弟だった。

を辞め、漫才界に飛び込んだという経歴に何かの縁を私は感じ、使う気になった。

昭和四十四年五月、正司敏江・玲児を売り出した『あきれた学園』にレツゴー三匹をレギュラー出演させると、レツゴー三匹の運命が変わり、あれよあれよという間に人気漫才師の仲間入りを果たした。

それから十年ほど経ち、漫才ブームが起きた頃、ブームの仕掛け人などといわれていた私に正児さんは会いたいといって、大阪からわざわざ東京の私のオフィスまで出向いてきた。

部屋に入るなり、正児さんは両手をついて「お願いがあります」と言った。

何事かと思ったが、実は弟子の太平サブ

吉本興業に移籍して80年代の漫才ブームに乗り、人気コンビになった太平サブロー（右）・シロー（左）。

ロー・シローのことだった。

「サブロー・シローはこのまま、松竹芸能にいたのでは埋もれてしまいます、どうか吉本に移籍させてやってください」

ようやく芽が出始めたサブロー・シローを吉本に移籍させて、漫才ブームの一端を担うコンビに押し上げてほしいという依頼だった。

その時、私は正児さんの兄・ルーキー新一を思い出していた。ルーキーが吉本を辞めたのは先輩への義理のためだったが、その弟の正児さんは弟子のため義理ある松竹芸能に楯をついてまで、弟子を吉本に移籍させたいという。兄も弟も自分のためではなく、人のために動いている点に、私はやはり兄弟だなという思いがした。

まもなく私が口をきいたこともありサブロー・シローは吉本に移籍し、人気漫才コンビになっていった。もっとも、世間的には正児さんはサブロー・シローが勝手に吉本に移籍したので、「破門」したという形にして決着した。

ルーキー新一と映画

さて、バッシングを受けていたルーキー新一は、寛子夫人の献身的な努力もあってカムバックの糸口を掴んだ。

それは映画への出演だった。

実は、ルーキー新一は吉本興業を辞めた頃から、映画にはよく出演していた。現在、ネットで検索したものだけでも、以下の映画に出演している。

●昭和40（1965）年

・「関東破門状」（東映京都）

監督　小沢茂弘　出演　鶴田浩二、藤純子、志村喬、村田英雄

●昭和41（1966）年

・「日本一のゴリガン男」（東宝）

監督　古澤憲吾　出演　植木等、進藤英太郎、浜美枝、藤村有弘

・「兄弟仁義」（東映京都）

監督　山下耕作　出演　北島三郎、村田英雄、鶴田浩二

・「大忍術映画　ワタリ」（東映京都）

監督　船床定男　出演　金子吉延、牧冬吉、内田朝雄、大友柳太朗

・「スチャラカ社員」（松竹大船）

監督　前田陽一　出演　ミヤコ蝶々、長門勇、中田ダイマル・ラケット

●昭和42（1967）年

・「浪花侠客　度胸七人斬り」（東映京都）

監督　小沢茂弘　出演　鶴田浩二、北林早苗、松尾嘉代、天津敏

・「続兄弟仁義」（東映京都）
監督　山下耕作　出演　北島三郎、鶴田浩二、里見浩太朗
●昭和43（1968）年
・「妖怪百物語」（大映京都）
監督　安田公義　出演　藤巻潤、高田美和、平泉征、坪内ミキ子
●昭和45（1970）年
・「不良番長　口から出まかせ」（東映東京）
監督　野田幸男　出演　梅宮辰夫、山城新伍、渡瀬恒彦
・「新宿の与太者」（東映東京）
監督　高桑信　出演　菅原文太、若山富三郎、佐藤允、山城新伍
・「シルクハットの大親分　ちょび髭の熊」（東映京都）
監督　鈴木則文　出演　若山富三郎、伊吹吾郎、北竜二、橘ますみ
●昭和46（1971）年
・「未亡人殺しの帝王」（東映東京）
監督　内藤誠　出演　梅宮辰夫、山城新伍、八代万智子、中村是好

・「すいばれ一家　男になりたい」（東映京都）
監督　鈴木則文　出演　山城新伍、宮園純子、小桜京子、潮健児

以上の映画は出演者リストにルーキー新一の名が載っているものだけであることを断っておく。

これらの作品でＤＶＤ化され市販しているものをみると、特徴がある。昭和四十三年に逮捕されるまでのルーキー新一の映画出演はコメディアンらしい役どころだ。「日本一のゴリガン男」では、「イヤーン、イヤーン」をはじめ、ルーキー新一のギャグが色々あり、「スチャラカ社員」はルーキー新一と長門勇が主役でミヤコ蝶々と中田ダイマル・ラケットは要役という感じの映画だ。

ところが、逮捕された四十三年のあと、一年ほどブランクがあり、四十五年の「不良番長　口から出まかせ」に出演している。この映画から、ルーキー新一の役は、コメディアンではなくひとりの役者として出ている。しかも、東映作品ばかりだ。どうやら、若い頃から東映京都撮影所に出入りしていた寛子夫人が旧知の俳優達に口をきき、出演させてもらったのだろう。やがて再び三度、彼の芸を惜しむ人が現れる。若山富三郎さんだ。当時

の大阪新聞（昭和四十五年十月二十八日）には、「ルーキー新一が復帰／若山の励ましに涙」という見出しで、若山のコメントが載っている。

「おれにも苦い経験がある。だからといって同情したわけでもない。彼のもつコメディアンとしての芸をみすみす死なすのはもったいないと思ったからだ。そりゃ彼には敵は多いだろうが、彼に味方する者も少なくない。これからは彼の仕事ぶりいかんによって、多くの敵を少しでも味方にすることもあると思う」

若山さん自身、若い頃は弟の勝新太郎さんの人気の陰に隠れてパッとしなかったが、東映に移籍し、従来の任侠映画にはないコミカルな味で、ヒット映画「極道」シリーズなどで東映の看板俳優のひとりになった。若山さんには「若山組」といわれる役者やスタッフの取り巻きがいて、ルーキー新一も若山さんの口利きでその一員になった。「不良番長口から出まかせ」以降のルーキー新一の映画出演は、「若山組」での出演だ。そのため、タイトルクレジットに載っている以外にも、若山さんとその取り巻き俳優達が出演している色々な映画に出演している。仕出し扱いの出演もあればタイトルクレジットに載っている出演もあり、昭和四十五年から四十六年頃にかけて東映映画がルーキー新一の主たる仕事の場だった。

ルーキー清二の死

ルーキー新一が吉本興業を飛び出してルーキー爆笑劇団をつくったとき、相方のルーキー清二も行動をともにした。劇団解散後は、劇団にいた中山三吉とコンビを組み、中山三吉・東清二となったが、長続きせずコンビは解消、中山三吉はコメディアンに戻っていった。ルーキー清二はその後、アレクサンダー一世と組み、アレクサンダー二世と名乗ったりしていたが、これもまもなくコンビ解消と、何度かコンビを替えていった。

ルーキー清二について、ルーキー新一の子どもたちは「くいだおれ人形のおじちゃん」と呼んでいた。なるほど、清二の写真をみると、「大阪名物くいだおれ」の看板人形によく似ている。どうやら、新一と清二は家族ぐるみの交流をしていたようだ。清二の娘・愛子さんの記憶では、住之江区東加賀屋に住んでいた子どもの頃、よくルーキー新一が遊びに来ていたそうだ。

「ルーキー新一さんと横山やすしさんも来ていました。もっとも横山さんは我が家の近く

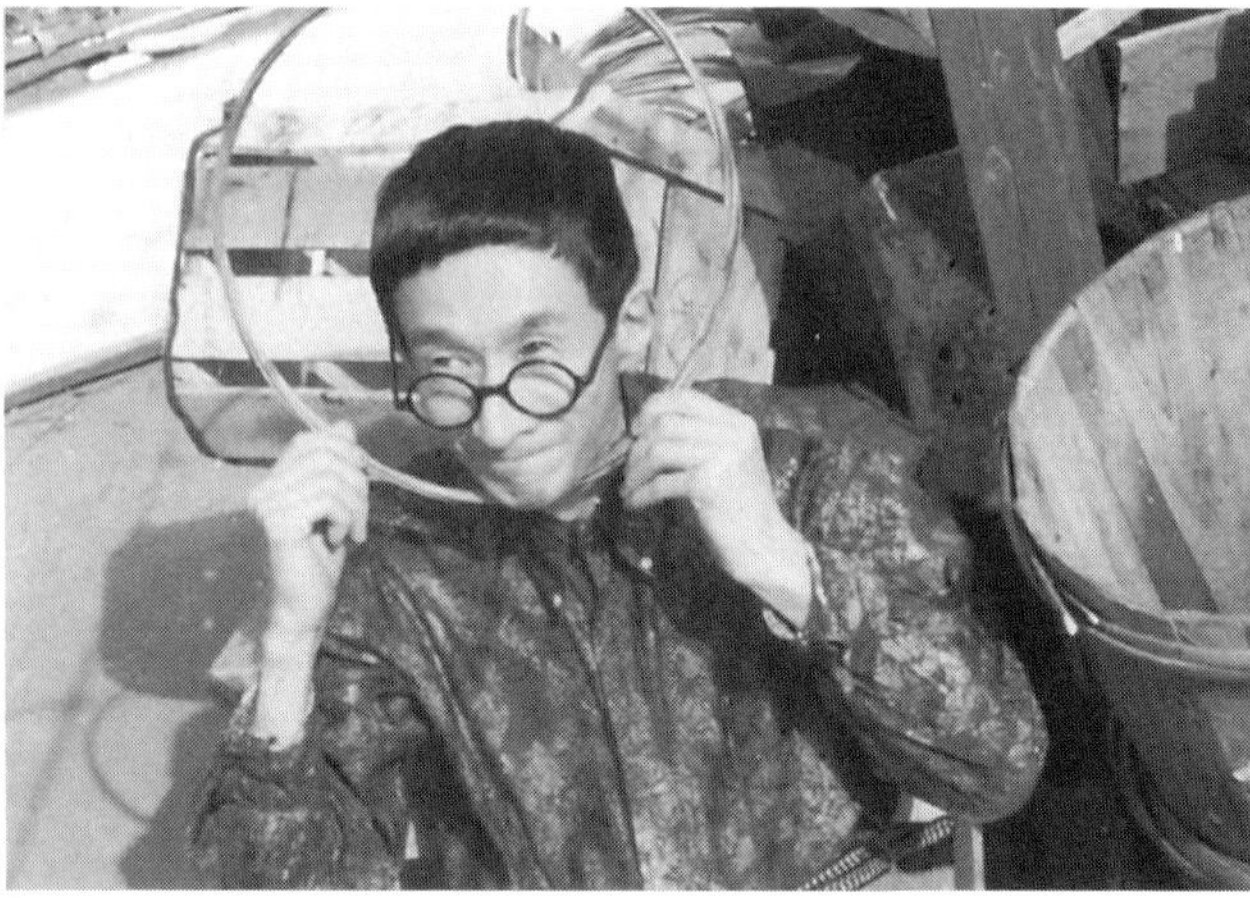
「くいだおれ人形のおじちゃん」とよばれていたルーキー清二。

に住之江の競艇場があったので、そっちが目的で来ていたようです」と娘さんは言う。昭和三十年代後半から四十年代初めのことだというから、ルーキー新一が吉本を抜けたあとも来訪はあったようだ。どうやら『漫才教室』の卒業生たちはプロの芸人になっても行き来していたことがわかる。

このルーキー清二の写真が残っている。孫にあたる吉田紀子さんが祖父・清二のことを知りたくて持っていたものだが、新世界花月の舞台に出て漫才をしている清二がいる。相方は新谷のぼるというコミックマジシャンだ。前述したように相方を何度か替え、大阪の舞台に立っていた。しかし、「いったん仕事で家を出ると、父はしばら

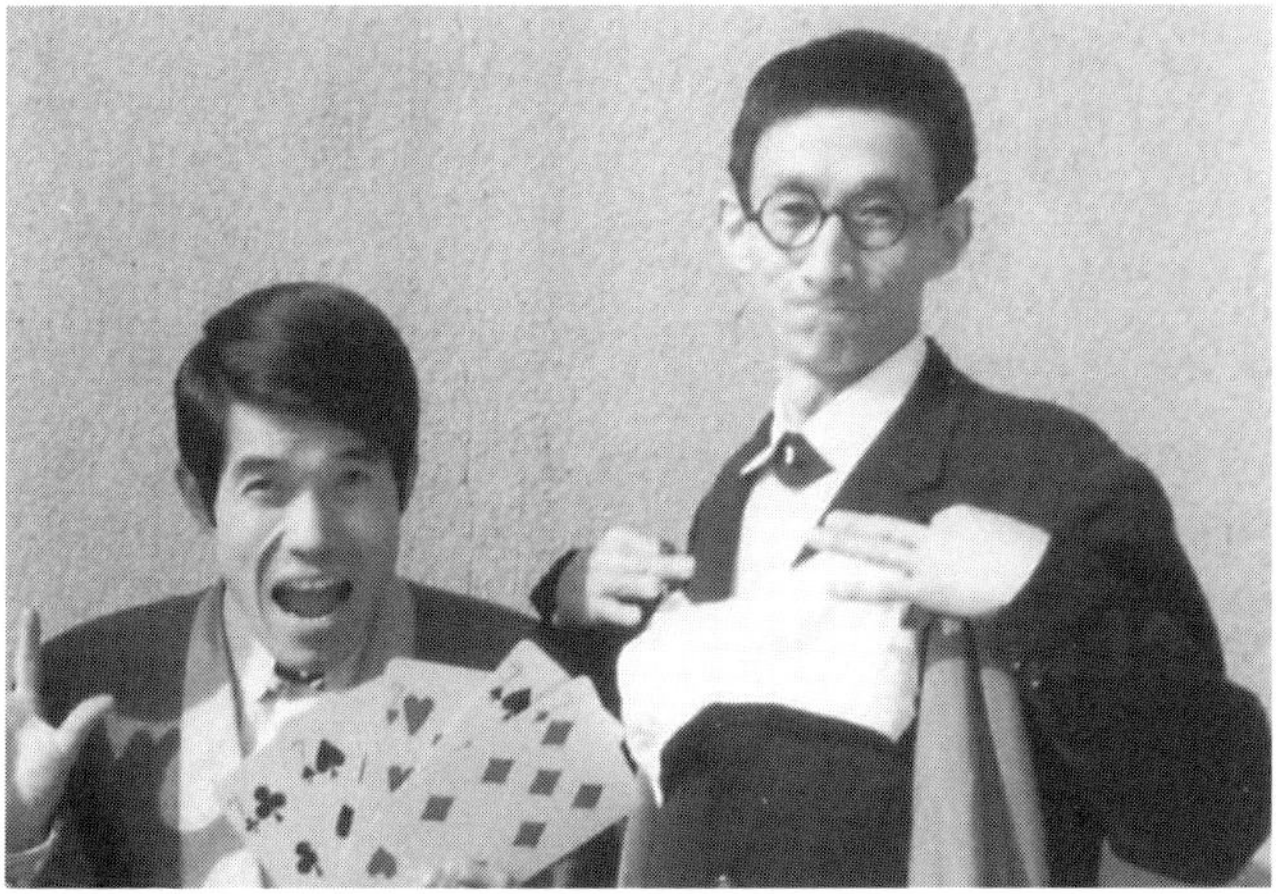

コミックマジシャンの新谷のぼるともコンビを組んでいた。

く家に帰ってきませんでした。地方で仕事をしていたと思いますが、母が苦労していたことだけよく覚えています」（愛子さん）

という証言から、ルーキー清二は地方回りのピン芸人になったようだ。愛子さんによれば、「歌手の方の歌謡ショーに出ていた」という。確かに、楽屋で撮ったと思われる都はるみ、梶光夫とのツーショット写真がある。それにどこか地方公演の劇場前で撮った「北島三郎リサイタル」の看板がみえるワンショットの写真もある。またどこか地方の駅のプラットホームで撮ったツーショットの写真もある。写っているのは青空東児という東京の芸人だ。青空東児はコロムビアトップ・ライトの一番弟子で

新世界花月の舞台でのルーキ-清二（右）と新谷のぼる（左）。

早くから歌謡ショーの司会をしていた。都はるみのショーも青空東児が主に司会をしていた。どうやら、ルーキー清二は歌謡ショーの「笑い」の部分を担っていたようだ。「仕事にでると父はしばらく帰ってこなかった」と娘さんがいうように、歌謡ショーでも大阪や東京でやるときは、名の通ったお笑い芸人が出演するが、地方公演の時は格下の芸人が起用される。ルーキー清二は、そんな地方公演専門の芸人だったから、自宅をあけることが多かったのだろう。

そして、ルーキー新一が不祥事で劇団を解散しても、清二とは連絡をとっていたようだ。

ルーキー清二と都はるみ。彼女の歌謡ショーにも出演していた。

ルーキー清二と梶光夫。梶光夫は青春歌謡のスター歌手だった。

出演している地方劇場だろう、「北島三郎リサイタル」の看板をバックにしたルーキー清二。

ルーキー清二の葬儀。レツゴー三匹、横山やすし・西川きよしらの花輪が並ぶ。

地方公演中の駅のプラットホームで。都はるみショーの司会者青空東児（右）とルーキー清二。

ルーキー新一が若山富三郎さんの厚意で東映映画に出演するようになると、彼は清二も誘ったようだ。「若山富三郎さんの映画に出ていると母から聞いたことがあります」（愛子さん）と娘さんも父が映画出演していると聞かされている。ただ、市販されている若山出演映画のＤＶＤで清二が出演している作品はみつけられなかった。ルーキー清二は私が演出した『てなもんや三度笠』にも何度か出演していたことがあるので姿形は記憶にある。映画に出ていればわかると思い、探してみたが発見できなかった。市販されていない若山主演の映画が多数あるので、そこに出演しただろうと推測するしかない。

そんな映画出演しているなか、昭和四十五年五月、ロケ現場に向かうため東名高速を車で走っているとき、ルーキー清二はくも膜下出血を起こし亡くなっている。この車にルーキー新一も同乗していた。後年、彼は「車を運転していたのはセイやんだったので、大事故にならなくてよかった」と語っている。

なお、ルーキー清二の葬儀には、ルーキー新一はじめ、白羽大介、横山やすし、レッゴー三匹の花輪が添えられていた。

角座への出演が決まったが…

ルーキー清二の死後もなんとか東映映画に出演していたルーキー新一だったが、詳しいことはわからないが、これもつまらぬことでトチってしまったと聞いた。

それでも角座に漫才で出ないかという話が来た。

相方は北一郎、のちにチグハグコンビを結成し、石坂てつ也と名乗った芸人だ。なお、チグハグコンビとは石坂浩二と渡哲也の姓名をねじって、石坂てつ也・渡こうじとなったコンビ名だった。

ルーキー新一が角座の舞台で漫才をするとなると話題になる。新聞でも取り上げてくれて、張り切って角座へ行くと、新聞を見た借金取りが押しかけて来て、とても漫才どころではない。カムバックして出る角座の出演料など知れている。ここはじっと見守ってくれれば借金も返せるようになると説明しても聞いてもらえない。結局ハタ迷惑な借金取り騒ぎのために角座もすぐに降ろされてしまった。大阪新聞（昭和四十七年十月四日）には、「ルーキー新一コンビ解消」の見出しで、「ルーキー新一の場合は、事件のあと長い間、芸能界からホサれていたのを今春、漫才で再出発したばかり。角座を中心にようやく軌道にのりかけていたが、ルーキーの家庭の事情がその原因とか」と報じられている。

その後のルーキー新一のウワサは大阪から消えた。地方回りをしているとも、京都でスナックのような店を出しているとも、奥さんの郷里である名古屋の一宮にいるとも、色々な風聞が伝わってきた。ただ、私自身は昭和四十八年から、活動の拠点を大阪から東京に移していたため、詳らかなことはよくわからない。

梅乃ハッパさんによれば、まだ彼がルーキー新一の弟子になる前のことだが、京都でスナックをやっていたことがあるという。このスナック時代に自主制作のレコードを出しているのを知ったのは、しばらく経ってからだった。

ルーキー新一のレコード

ルーキー新一は歌のレコードを何枚か出している。すべて表（A面）と裏（B面）の二曲が入ったEPレコードだ。私の手許に何枚かあるので、紹介する。

1　ニッポンレコード
A面「ルーキーのいやいや人生」　作詞：竹本浩三　作曲：北沢比呂志
B面「ルーキー音頭」　作詞：竹本浩三
作曲：北沢比呂志

2　ニッポンレコード
A面「ルーキーの繁昌ぶし」　作詞：白羽大介　作編曲：北沢比呂志
B面「ルーキー行進曲（マーチ）」　作詞：白羽大介　作曲：北沢比呂志　編曲：森山達也

3　ローオンレコード
A面「木屋町ブルース」　作詞：杉尾修爾
作曲：荒木明　編曲：佐藤イサム
B面「楽屋人生」　作詞・作曲：白羽大介
編曲：佐藤イサム

4　テイチクレコード
A面「木屋町ブルース」　作詞：杉尾修爾
作曲：荒木明　編曲：佐藤イサム
B面「四角い土俵のブルース」　作詞：吉
岡ケンゴ　作編曲：佐藤イサム

5　テイチクレコード

A面「女の性」　作詞：篠原浩二　作曲：ヤン・佐藤　編曲：大前なりゆき

B面「楽屋人生」　作詞・作曲：白羽大介　編曲：尾崎都義

1と2はルーキー新一が吉本に所属していた頃に出したレコードと思われる。1の作詞をしている竹本浩三さんは、吉本文芸部にいた人で、つい最近まで吉本文芸館館長をしていた。このレコードの作曲者が2のレコードの作曲をしているので、2も吉本時代に出したレコードだと思われる。なお、ニッポンレコードという会社については不明である。

おそらく、レコードは公演するときに会場で販売していたものだったのだろう。大阪での公演はもちろんだが、地方公演するときも会場販売していたと思われる。後年、ルーキー新一は自主レコードを持って各地を売り歩いているが、吉本にいた頃、この会場で売っていたことをヒントにしたのだろう。

3以降の三枚のレコードがルーキー新一が自主制作をしたものだ。3のローオンレコードについては、創立者の加藤精一さんとは交流があり、浪曲や河内音頭など私がプロデュースして出してもらったことがある。芸人のタニマチ的存在の実業家だったので、ルーキー新一が逮捕されどん底にあるとき、手を貸して出したレコードだろう。A面の「木屋町ブルース」の木屋町は京都の歓楽街だが、ルーキー新一は同地でスナックをやっていたことがある。そこからこの曲が生まれたと聞いた。またB面の「楽屋ブルース」はルーキー爆笑劇団でコンビを組んでいた白羽大介が作詞・作曲をしている。詞をみると、吉本から独立した頃のルーキー新一の心境をつづっているようだ。

花の舞台の　ライトも消えて
夜風が楽屋の　窓を打つ
明日が有るんだ　淋しかないぞ
俺は一人の　道を行く

3のローオンレコードがうまくいったのだろう、同じ自主制作でも、4と5はメジャーのテイチクレコードから出している。ローオンレコードと曲が重なっているが、白羽大介をのぞけば、無名の作詞と作曲者である。ただ、「女の性」を作詞した篠原浩二は、ルーキー新一の弟子だということがわかっている。

ところが、この自主制作のレコードには、エピソードがある。レコードが出来たというので、京都から大阪までルーキー新一は受け取りにいった。レコード代金は四百万円ほどだったという。レコードを運ぶとはいえ、京都から大阪の距離では半日もあれば往復できる。ところが、ルーキー新一は出かけたまま、その日は帰ってこなかった。

翌日、疲れた顔をして帰ってきたが、レコードは一枚も持っていなかった。どうしてレコードはないのか、たずねると、「使ってしまったわ」とこたえた。何に使ったのか、詰問しても彼は口を濁してはっきり返答しなかったという。どうやら、バクチで負けてレコード代金は消えてしまったようだ。ルーキー新一の借金癖を語るエピソードだが、やがて、彼は京都のスナックを処分することになった。しかしそれでも彼はまだ元気で、売れればこの程度の金額はすぐ取り戻せるとでも思っていたのかもしれない。

ルーキー新一からの電話

ルーキー新一から突然の電話が入ってきたのは、昭和五十年の春だった。私は、その前年に朝日放送と大阪東通が主体になって東京に作ったテレビ番組制作会社「東阪企画」での兼務をこなしていた。五反田にある東洋現像所でテレビ番組の編集をしていた時に電話が鳴ったのだった。

「ルーキーの家内です。いまルーキーとかわります」

と寛子夫人は一方的に言った。やや緊張したような響きがうかがえた。

「澤田先生ですね、ルーキーです」

「元気か、いま、どこにいるんや」

「名古屋です。なんとか生きてます」

ちょうど週刊誌でルーキー新一の「あの人はいま?」といった記事を読んだところだったから、彼が自分のレコードを売って生活をしているということは知っていた。

そのレコードは「木屋町ブルース」。いまも私の手許にある。テイチクレコードで自主制作し、そのキャンペーンというふれこみで、地方のキャバレーやクラブを回り、ショウタイムの合間に歌わせてもらって、そして客に売るのだ。色紙も付けて一枚五百円。

電話のあとしばらくして会ったルーキー新一は、「どないしてたんや」という私の質問に、涙でグシャグシャになりながら窮状を訴えた。

そして「もう一度、チャンスを作ってくれませんか」と深々と頭を下げた。

私はホロッとして、「いいよ」と答えたものの、またこの涙で誰かに迷惑を掛けるのではないか、という思いがチラッと脳裏をかすめた。しかし、久しぶりに会ったルーキー新一が『スチャラカ社員』に出演していたころと同じ「かわいらしい顔」をしているのにまずは安堵して。「その顔を保っている限りカムバックできるよ」と言ってしまったのだ。

胸を両手でつまみ、「イヤーン、イヤーン」と身体をふる彼のトレードマークは、子供がそのまま大きくなったような「かわいらしい顔」があってはじめてギャグになったのだ。

カムバック――。失敗の連続で苦労を重ねたコメディアンの場合、その苦労が身体に染み込んでいて、それを洗い流すのにプロデューサーとしての私はエネルギーのほとんどを使う。一度掴んだスターとしての座を、どう考えても下らないとしか言えない事件で棒にふったルーキー新一が、その辛さを身体に惨みこませていないのを目のあたりにして、私は希望をもった。

「東京なら、なんとかなるかもしれないから、頑張って早く東京へ来る状況をまず作んなさいよ」と、会う前には絶対に言うはずのなかった言葉をかけてしまった。その言葉を土産に、明るい気持ちを身体いっぱいにあらわして帰っていったルーキー新一を、いまでも思い出す。

カムバックに手を貸すが…

東京へ出て来たルーキー新一は、世話好きで定評のある玉川良一さんの力を借りて、昭和五十一年五月二十一日から十日間、浅草松竹演芸場で、「芸能生活十五周年記念・ルーキー新一劇団初公演」を打った。正式な団員は、ルーキー新一と行動を共にしてきた美杉幸子、ミッキーおさむ、吉野マキの三人だけ。伊東亮英、三角八重、二代目内海突破が大阪から、三遊亭歌夫、なべ洋介らが東京から参加した。

この時上演された「狙われた男」というコメディは、作・前川宏司、演出・澤田隆治と

浅草松竹演芸場の公演パンフレット。東京でカムバックを果たすが…。

なっているが、実のところはこの芝居はルーキー劇団の十八番で、舞台稽古で私たちは彼のよく計算されたおもしろい芝居を楽しんでいただけだった。

　玉川良一さんが走り回ってくれたおかげで、各テレビ局のワイドショウはルーキー新一のカムバックを話題として取り上げてくれた。しかし、それがかえって仇となった。生放送中に全国から電話がテレビ局に入ってきたのだ。激励の電話ではない。「あんなケシカラン男、テレビに出すな」という抗議の電話と、借金返せという電話ばかりで、ルーキー新一は怯え切った。私は「気にするな、この東京公演を成功させればいいんだ」と励まして、関敬六劇団公演で培った浅草の人脈を生かして、客の動員に走り回った。ルーキー新一を連れて行って涙ながらの話を聞かせると、誰でも力を貸したくなってしまう。

その魔力は舞台でも遺憾なく発揮された。浅草の人達の明るい笑い声に支えられて連日大熱演。やっぱりルーキー新一はうまいコメディアンだったと再確認された。ルーキー新一劇団の東京初御目見得は大成功だった。

ルーキー劇団の演じる芝居には、どの芝居にも二回の山場があって、ルーキー新一の長い泣かせのセリフが最高だった。彼はひそかに藤山寛美を目指していたとも言われるが、確かにもはや吉本新喜劇の芸ではなかった。

自信を取り戻したルーキー新一は、西浅草に部屋を借りて浅草松竹演芸場の劇団公演を軸に、玉川良一とのコント、弟子のミッキーおさむとのコンビの漫才で、東宝名人会や名古屋の大須演芸場にも出演したが、生活は苦しく、またまた涙の借金行脚がはじまった。人情豊かな芸人の多い浅草だが、それだけ噂になるのも早い。玉川良一さんの三味線弾きがホロリとして大事に貯めていたお金を貸してしまい、返してくれないので泣いているとか、コロムビアライトさんがルーキーは誠意がないと怒っているという噂が、狭い芸人の間で広がった。

浅草松竹演芸場の劇団公演も、度重なるといつも満員というわけにはいかなくて借金を増やすことになる。そのころからだろうか、朝から酒をのむという荒れた生活が糖尿病を加速させ、ルーキー新一から「かわいらしい顔」を少しずつ奪っていった。

地方巡業でのルーキー新一

浅草にいた頃、ルーキー新一は玉川良一さんと四国から九州に巡業に行ったことがある。プロモートしたのは、藤川興行。浪曲師・二代目藤川友春の夫人が社長の興行社で、西日本〜九州の小屋や劇場を回っていた。このとき、巡業に参加したのは玉川良一、ルーキー新一に若井ぼん・はやと、桂春蝶、正司敏江・玲児、フラワーショウだった。

この巡業は大型バスに乗っての移動で同行した若井ぼんさんが覚えていた。彼によれば巡業地は大阪を出発し、岡山、広島、そして九州に渡り、福岡から大分、フェリーで愛媛に行き、徳島、香川に行き、高松へ。高松で二日間ほど休みがあり、大阪へ戻ったという。公演場は忘れたそうだが、岡山なら一日に二ヶ所で四回公演したという。

地方巡業の思い出を語る若井ぼん。「あの巡業にいった芸人で、生きているのは男は私ひとり、女性は正司敏江ちゃんとフラワーショウの華ゆりちゃんの３人になってしまいました」

「出演陣をAとB二つに分けて、A陣が岡山市内で公演をスタートすると、同じ時間スタートでB陣も市内から四十分ほど離れた場所で公演します。それで、半分ほど過ぎたところで、前半出演者がそれぞれ移動して二回目の出演に備える。で、残る連中が一回目の公演を終える頃には、A陣の前半出演者が、違う場所の二回目公演の前半出演者になるという次第です。我々は一日で二ヶ所四回公演するんです」（若井ぼん）

つまり、一日で二ヶ所の会場をかけ持ち出演して、四回公演したという。公演は昼間にするので、夜はヒマになる。

「宿に入ると早速カードが始まりました。ポーカーです」（同前）

東京でのカムバックに手を貸してくれた玉川良一もギャンブル好きだった。

十日間の巡業だから、それぞれの芸人はいくらかの小遣いは持っている。最初は遊ぶ程度の金額を掛けてのゲームだったが、すぐレイズ、レイズと金額をあげて勝負していく。

「玉川さんは手役が最低でもなんでも、レイズ、レイズとあげていく。それにつられてなのか、ルーキーさんもレイズ、レイズですわ。しかも、ルーキーさんはゲームが始まる頃には、もう酔っ払っていて、とても勝負にならない状態でした」

結局、玉川良一さんとルーキー新一は手持ちの小遣い用の現金は二日もしないうちになくなったという。それでも、またやろうやろうと玉川さんが誘い、ルーキーも酔っているのに仲間に加わる。当然、負けてしまい、払えないから紙に金額を書いて渡すということになる。

芸人としてのキャリアや格は玉川さんが上だったので、最初のうちは「師匠」「先生」とよばれていたが、カードの負けが込むと「玉川さん」「玉良さん」になり、やがて「タマリョウ」と呼び捨てにする始末。

そして、九州福岡の嘉穂劇場での公演だった。劇場で配られているチラシをみた玉川さんが激怒したそうだ。そこには大きく正司敏江・玲児がトップに書かれていた。人気という点では当時敏江・玲児がナンバーワンだったから、劇場が彼らをトップに書くのは当然だったが、これに玉川さんがへそを曲げた。「冗談じゃねぇ、あんな若手の下に俺の名があるなんてぇ！」と言って、出演拒否した。芸人の面子ということだが……。

「まあ、負け続けていましたから、逃げだそうとしてゴネたんだろうと、勝っていてタマリョウさんに貸しがある連中は思っていたでしょうね」（同前）という。

最後は興行元の女性社長が間に入り、事なきを得て巡業公演は続けられた。ただ、負けが大きい玉川さんとルーキーの二人は他の芸人達から浮いた存在になってしまった。

すると、巡業に同行していたルーキーの寛子夫人が、「ちょっとお金をつくってくる」

といって、現場を離れた。

二日ほどして、彼女は巡業地に戻ってきた。

「なんか、絨毯かなにかを売ってきたといって、ルーキーさんの負けを全部払ってました。おそらく、合計で百万円は超えていたと思いますよ。すごい人やなあ、右から左に百万円を超える金を用意して払う、しかも仕事の払いじゃなく、バクチの負け金ですよ」（同前）

だからといって、寛子夫人はルーキーに賭け事をやめろとも、酒をやめろともいってなかったという。

結局、浅草で公演を続ける資金を得るため巡業に出たのはいいが、ギャラはおろか、ギャンブルで借金までつくり散々だったようだ。

弟子が語るルーキー新一

ルーキー新一が浅草松竹演芸場に出たとき、ひとりの弟子を連れてきた。秋田出身の青年でミッキーおさむ（修）といった。現在の梅乃ハッパさんだ。彼は、もともとはギター

浅草松竹演芸場でもルーキー新一・ミッキーおさむでコンビを組んで漫才をした。

を持ってフォークソングの活動を大阪で友人とやっていた。このフォークソングのレコードキャンペーンをしているとき、やはり自身のレコードキャンペーンをしていたルーキー新一と知り合った。関係が深まったのは昭和四十九年だった。レコードキャンペーンを兼ねたルーキー新一ショーを姫路でやるので、来ないかと誘われたのだ。

「そこで、漫才もやるので、お前、俺の横に立ってろ、といわれましてね、こっちは歌を歌いにいったのですが、いきなり師匠の横に立って漫才をやらされたんです。もちろん、漫才なんてやったことありません、私は歌手だったんですよ。だからただ横で立っているだけで、師匠がひとりでしゃ

澤田がプレゼントした時計を今も大事に持っている。

べったんですが、びっくりしました。お客さんが大笑いなんです。この人はなんだ、何者なんだと……、ただ驚きだけの初舞台でした」

と梅乃ハッパさんは述懐する。これがきっかけでルーキー新一の弟子になり、翌年の浅草松竹演芸場までついてきた。

梅乃ハッパさんの浅草の思い出には、私が登場するようだ。

「師匠に、澤田隆治さんてどんな人なんですかと聞きましたら、〝神様みたいな人や〟といわれましてね、そういった師匠の顔が今でも忘れられません。その澤田先生はいつも、私を〝弟子、弟子〟と呼んでね、可愛がってもらいました」(梅乃ハッパ)

現在は平和ラッパ（三代）とコンビを組み、平和ラッパ・梅乃ハッパでギター片手の音曲漫才で活躍中。

面映ゆい話だが、浅草松竹演芸場の第一回公演が終わったとき、私は、彼に腕時計をプレゼントしたそうだ。私には記憶がないのだが、おそらく慰労の意味を含めて彼に安い腕時計を購入してあげたのだろう、その安物の腕時計を梅乃ハッパさんは現在でも持っていると聞いた。こんな彼の義理堅さが、ルーキー新一を最後まで看取ることになるんだが……。

梅乃ハッパさんの浅草の思い出にはルーキー新一の妻・寛子さんについてもある。劇団を率いていると何かと金が必要になる。ましてルーキー新一には東京に出てくる前から借金がある。様々な支払いが溜まってくると、寛子さんが、

「ちょっと九州に金策にいってくる」といって、浅草からいなくなったそうだ。そして、十日ほど経つと「はい！」と言ってどこでどうしたかわからないが、四百万円ほどの札束を持って、浅草に帰ってきた。

「不思議な人でした。あの人が持って帰ってきたお金で劇団の運営が息をつく、それが〝詐欺〟で集めた金なのか、どうなのか、誰もどこでどうして金策してきたのか聞きませんでした。浅草には三年ほどいましたが、あの人が運んでくるお金がなかったら、もっと早く浅草から撤退していたのではないでしょうか」（梅乃ハッパ）

そして、浅草から去っても、彼は付き人としてルーキーと一緒に行動、ルーキーの最後も看取った。ルーキー新一の没後は、三代目平和ラッパと組み、吉本で活躍。平成十六年には、大阪舞台芸術奨励賞も受賞している。

漫才ブーム到来のなかで

昭和五十三年ごろから、お笑い番組が復活する兆しがあり、私は東京のコメディアンを新宿コマ劇場に集めてコントと喜劇の集大成のイベントに「喜劇復活祭」と、思い切り大きなタイトルをつけて、日本テレビの『木曜スペシャル』枠で放送、高い視聴率をあげた。この勢いをルーキー新一のカムバックのチャンスにしようと考えた私は、浅草にコメディアン大集合というスローガンで「浅草喜劇祭」を企画、東京12チャンネル（現テレビ東京）が放送してくれることになった。

私は共演する東京のコメディアンたちに根回しして、ルーキー新一の笑いを中心にする構成にした。ところがルーキー新一はリハーサルをすっぽかし姿を現さなかった。私の目論見はあえなく崩れてしまった。

東京のコメディアンたちも、もう二度とルーキーとは付き合わないと怒り心頭だった。ルーキー新一が出演しないからといって、番組自体が中止になるわけではない。実のところ、彼らはルーキー新一のカムバックに力を入れている私のために怒ってくれたのだった。「澤田先生、もうルーキーはあきらめなはれ」となぐさめとも忠告ともつかぬ言葉をかけてくれた芸人もいた。

私自身も当初こそ「怒り」という感情があったが、それはすぐに「なんで来なかったんや、ルーキー新一」という思いに変わっていった。

やがて『ズームイン‼朝！』（日本テレビ）がスタートし、『花王名人劇場』（関西テレビ）も始まる。また定期的に『日曜特バン』（ＴＢＳ）や『木曜スペシャル』、『日曜スペシャル決定版』（日本テレビ）等で番組をつくり、日劇の「雲の上団五郎一座」の舞台演出にその録画放送（日本テレビ）と毎週何本もの番組を抱えていた私は忙しかった。しかし、ルーキー新一がなぜ来なかったのかという疑問はいつも頭の隅にあった。

酒浸りのルーキー

私の目の前から逃げるように去ったルーキー新一のその後は、詳らかには知らない。しばらくして、週刊誌やテレビのワイドショーにスキャンダルで登場する彼の姿をみて、いたたまれない思いで眺めているしかなかった。やがて、彼の訃報が伝えられ、余りにも寂しい死であったことがわかったが、聞くに忍びなかった。

彼の死から四十年の歳月が流れ、ようやく私なりにルーキー新一の「その後」を記しておきたいという思いが強くなった。

まず、私が抱き続けていた「ルーキー新一はなぜリハーサルに来なかったのか」という疑問がある。弟子の梅乃ハッパさんが答えてくれた。

「あのころは、もう朝からウイスキーを飲んでいましたから、そんな状態ではリハーサルに恥ずかしくて行けなかったんでしょう。僕らは悲しくて、じっとルーキー師匠を見ているだけでした。怒りっぽくもなっていて、よく殴られたんです」

ルーキー新一の酒は浅草にいた頃からひどくなったようだ。

早朝五時頃、ルーキーが冷蔵庫の氷を取り出す音がして、家族は目を覚ますのだという。彼はグラスに氷を入れ、氷水をつくる。そしてウイスキーをストレートであおり、氷水を飲む。ウイスキーを割って飲むということはしない、いつもストレートだったという。

やがて早朝から開いている豆腐屋に豆腐を買いにいかせ、まだ熱い豆腐で味噌汁をつくり、グラス片手に味噌汁をすする。そして酔うと昼近くまで眠り、目醒めると劇場へ行き舞台に立つ。舞台がハネると、夜の街に繰り出し、また酒を飲む。帰宅するのは夜の一時過ぎ……、朝から酒をあおり、夜は夜ではしご酒だったという。酒が切れるのは、舞台にいるときだけ、これでは、身体がおかしくなっても不思議ではない。

浅草を引き払ったあと、ルーキー新一は寛子夫人の実家がある名古屋にいた。もちろん、弟子の梅乃ハッパさんも同行した。名古屋で喫茶店を開き、時折、舞台で漫才をしていたという。相方はハッパさん、当時はミッキーおさむだが、新一・おさむ、あるいはルーキー新一・ミッキーおさむというコンビ名で名古屋の大須演芸場の舞台にも立った。

その後、昭和五十三年頃には喫茶店の経営もうまくいかず、名古屋を離れ大阪に戻ったが、すでにルーキー新一の身体は酒でボロボロだった。

「寝屋川のスナックの二階に住んでいました。店の専属芸人という形で衣食住付きだったんです。夜になると店に来るお客さん相手に芸を披露するということで、月にいくらかのお金をもらっていました」（梅乃ハッパ）

しかし、酒がそばにあるスナック勤めでは、酒量が減るわけがない。これはいけないと、周囲の者がルーキー新一を強制的に入院させた。

これでひと安心だと思ったが……。

ルーキー新一最後の舞台

病院に入院させ酒を断てば、ボロボロになったルーキー新一の身体は持ち直す、そう思っていたら、彼が入院したことをどこで聞いてきたのか、知人・友人やスナックのお客さんが、病院に見舞いに来る。

「見舞いにきていただけるのはいいんですが、見舞い品はみなさん、酒を持ってくるんです。当然、禁酒ですから、病院では没収する。ところが、没収できなかった酒もあり、それを師匠は隠して、飲んでいたようなんです」(梅乃ハッパ)

病院にすれば厄介な入院患者だったようだ。しかも、入院してしばらく経ったある日、梅乃ハッパさんが当時借りていたアパートに帰ってみると、玄関脇の窓が開いていた。あれ、閉めたはずだがと思って入室すると、狭い一間の部屋に灯りも付けず、ひとりポツンとルーキー新一が座っていた。どうやら、部屋の外置きの洗濯機に登り、部屋の窓をこじ開けて入室したらしい。

びっくりしたハッパさんが「師匠、どうしたんですか」とたずねると、病院を抜け出して来たと答えた。

「おい、酒ないか、飲みたい」

禁酒なのに病室で隠れて酒は飲む、また病室を抜け出して弟子のアパートに潜り込み、

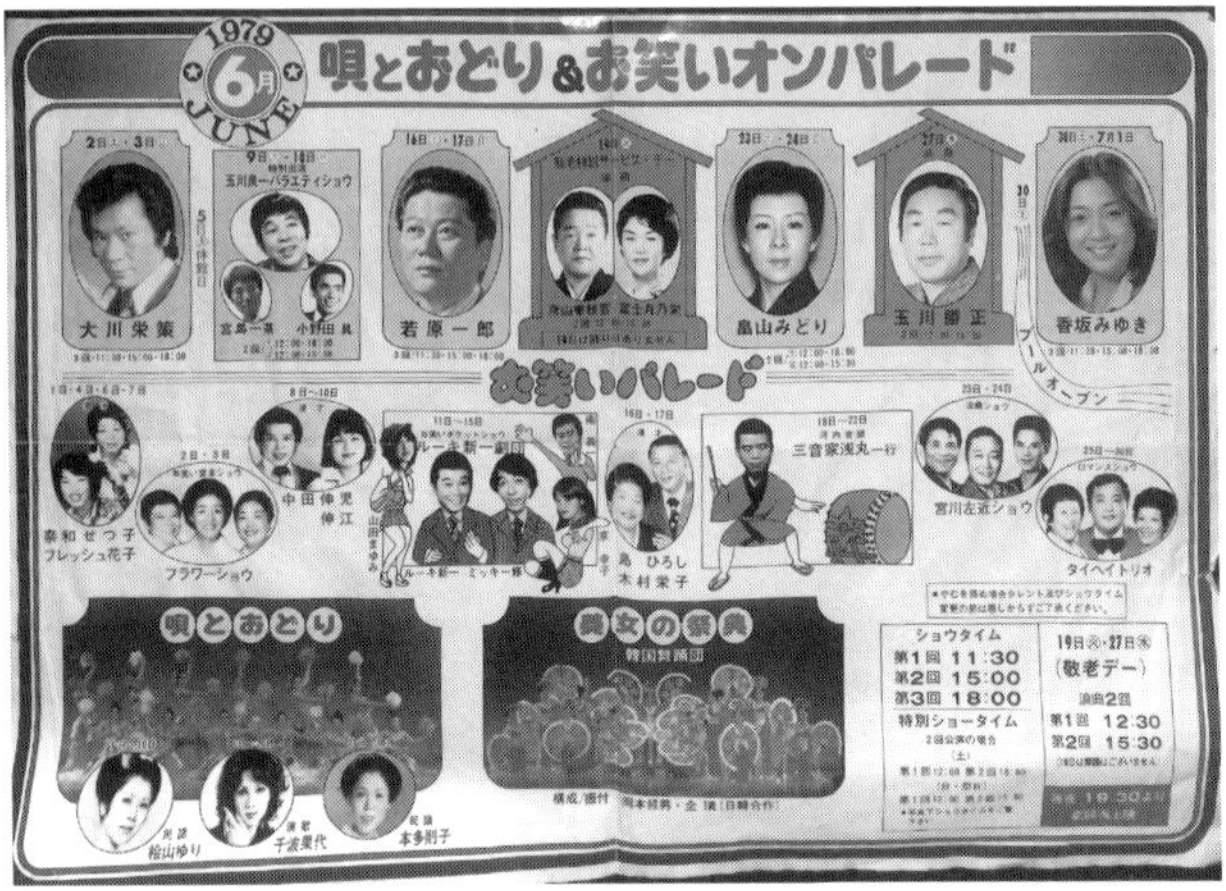

最後の舞台となった昭和54年６月の紅葉パラダイスのチラシ。

酒を飲もうとする。結局、病院では扱いきれないということで退院せざるをえなくなった。

ルーキー新一はまた、寝屋川のスナックの二階に舞い戻った。もう、この時には痩せて、歩くことさえおぼつかない状態だったという。

それでも、昭和五十四年六月十一日〜十五日の五日間、琵琶湖の紅葉パラダイスに出演している。これが、観客を前にした最後のルーキー新一の舞台だった。紅葉パラダイスは温泉宿泊施設併用のレジャーセンターで、「はだか天国、紅葉パラダイス」というCMは関西ではよく知られていた。この施設には劇場もあり、歌謡ショーや踊

このチラシには「ルーキー新一劇団」と書かれている。

り、演芸を公演していた。当時のチラシをみると、「お笑いパレード」と銘打って、「お笑いポケットショウ・ルーキー新一劇団」と書かれている。出演はルーキー新一とミッキー修（おさむ）をメインに南義一、山田まゆみ、京幸子と五人の「劇団」である。

「実際は私と師匠の漫才ショウでした。あとの三人はスナックのマスターとそこの女の子でした」（梅乃ハッパ）

ハッパさんは漫才のネタよりも、歩くのもおぼつかないルーキー新一がちゃんと舞台に立てるのか、そのことだけが心配だったという。

「ところが舞台に立つとシャンとして、口

調も師匠らしいギャグを発して、舞台では別人でした。おかげでお客さんには大ウケでした」

天性の芸人というものはボロボロになっていても、舞台に立つとシャンとして見事に舞台をこなす。名人上手といわれた人にはこんな伝説がいつもつきまとう。ルーキー新一もそんな伝説の芸人のひとりだったといえるだろう。

弟子を祝して鍋をつつく

紅葉パラダイス出演のあと、梅乃ハッパさんは他の芸人とトリオを組んでいる。トリプルパンチという名だった。この芸名で初めてもらったギャラを持ってルーキー新一を訪れたときだ。痩せてガリガリになっているルーキー新一がうれしそうな顔をして、

「おい、鍋しようか」

といって、鍋と材料を下の階のスナックから調達し、電気コンロで二人で鍋をつついた。

やがて、下のスナックに降りて、飲みに来ているお客さんに、

「今日は、うれしい日です。ここにいる弟子が一本立ちして舞台に立ちました」

といってルーキーは挨拶した。そして、気がつけば、

「スナックのお客さんを前に師匠とふたりで漫才をしていました。思えば、あれが人前でやった師匠との最後の漫才でした。それから半年も経たない間に師匠が亡くなりましたから……」

とハッパさん。その時、お客さんからご祝儀がでた。二階の部屋に戻って数えるとご祝儀は六万円あった。

「十日間、寄席小屋にでてもらったギャラは三千円でした。そやのに、ご祝儀は二十倍の六万円です。私は初めてもらったギャラの半分を師匠に渡そうと思ってたずねたのですが、二十倍のご祝儀ですからね」

ルーキー新一はその六万円のご祝儀を二つにわけ、「これはお前の取り分や」といってにっこり笑って半分をハッパさんに渡した。そして、

「はよ、芸人はやめよ」と笑いながらいい、

「芸人を続けても、ルーキーの名前は使うなよ、ルーキーは俺一代でもうエエ」と言った。

しかし、辞めろといわれた芸人をハッパさんは今も続けている。ルーキー新一の没後、

平和ラッパとコンビを組むとき、芸名を「梅乃ハッパ」と名乗った。

「師匠からルーキーの名を使うなといわれたんですが、最初のコンビ名〝梅野松夫・竹夫〟の亭号は許してもらえるやろうと思って〝うめの〟を使わしてもらってます。やっぱり、いくつになっても私はルーキー新一の弟子です」

〝梅野〟ではなく〝梅乃〟になったのは、ルーキーの弟・レツゴー正児が、姓名判断をして梅乃がいいとアドバイスしてくれたからだ。その上、師匠がいないと松竹芸能系列の寄席小屋の舞台に立てないといわれると、「俺の弟子ということにしたらエエやん」といって正児さんは梅乃ハッパさんを自らの弟子という形で舞台に立たせてくれたという。

令和二年九月二十九日、そのレツゴー正児さんが亡くなった。

「ルーキー師匠と正児師匠、これで私を芸能界に導いてくれた二人の師匠を亡くしてしまったんですね」とハッパさんは力なく語った……。

寂しい結末…

さて、身体がボロボロになったルーキー新一はまもなく寝屋川のスナックの二階からも退去させられ行き場をなくし、一人娘の友子さんの守口のアパートに転がりこんだ。

私はリハーサルに現れなかった後のルーキー新一のことは、週刊誌で報じられたていどのことしか知らなかった。今回、ルーキー新一の評伝を書くにあたり、梅乃ハッパさんにその後のルーキーついて聞き、ここに記しているが、当時、守口の娘さんの部屋にいったときには、一時70kgあった体重が39kgになっていたと報じられていた。その痩せこけた顔が週刊誌にのったのはルーキー新一夫婦が訴えられ、「詐欺を働いた妻の寛子は失綜中」という記事と共にである。真相は知らぬ。

痩せてガリガリになっても、ルーキー新一は酒をやめなかった。金もないのにフラフラと近所のスナックに出かけて、酔って帰ってくる。どうやら、スナックでお客さん相手に芸をして酒を飲ませてもらっているようだった。しかも、シャツの胸ポケットには、スティック状に巻かれた一万円札が入っていることがしばしばある。スナックのお客さんからもらったご祝儀だ。この金で娘の友子さんが勤めにでている間に酒屋に出かけ、昼間から酒を買い飲む。そして友子さんが帰宅して、酒を取り上げる。どうやら、二十四時間そばにいないと、酒に走るといった状況だったようだ。

上方の元コメディアン

ルーキー新一衰弱死

"終着駅"哀れ

守口の自宅 帰宅の長女が発見

恐かつ・妻の詐欺 往年の人気男 面影もなく

酒びたり

ルーキー新一の死を大きく報じる大阪新聞（昭和55年３月６日）

やがて、ルーキー新一は飲んでいない、飲んでいないといって友子さんに隠れて酒を飲むようになったようだ……。

娘のところに転がり込んで半年ほど、もうこれは医者に委ねるしかないと判断して、医者を嫌がるルーキー新一を説得し明日は医者にいくといったその日、勤めを終えた友子さんが帰宅すると、玄関口でルーキー新一はトレパン姿で倒れていた。昭和五十五年三月四日だった……。

ルーキー新一が死んだ時、妻の寛子さんは逮捕され、名古屋拘置所の中にいた。

お通夜に顔をみせた芸能人は鳳啓助さんのほか誰がいたか。僧侶の読経がはじまったが、坐る人もいない座布団ばかりが並び、喪主の友子さんの姿が痛々しかったと、それまで叩きまくっていた週刊誌が、今度は淋しいお通夜の状況を伝えている。このルーキー新一の死は大きく新聞雑誌に取り上げられ、彼を知る関係者の追悼コメントが色々添えられている。そんな追悼コメントを並べてみると、様々な想いが去来する。

白羽大介「最後に会ったのは昨年の暮れ、新喜楽座（角座）の楽屋でした。訪ねてきてくれて、守口のスナックで働いて借金もぼちぼち返済しているというてましたけど、やせ細っていたので心配はしてはいましたが……。彼とは吉本の劇団が一緒やったし、そこを出てから五年間、二人で漫才や芝居をやった古い付き合い。あの〝事件〟後は別々の道に進みましたけど、彼は他の人がマネできないものを持っていた。千日劇場に出ていた頃が華でしたなあ」（スポーツニッポン昭和五十五年三月六日付）

香川登枝緒「彼の場合は吉本で人気が出たのだから、コツコツと地道にやっていれば、現在の花紀京や岡八郎というようなスターになっていたと思う。彼が吉本から飛び出したことが間違いだったような気がする。人間だから冒険をしなければいけないというのもよくわかるんですが、なぜ飛び出さねばならなかったか、おそらく収入を伸ばそうということだったと思う。それにしても、一時代を築いた芸人にしてはあわれです。いまはただ冥福を祈るだけです」（日刊スポーツ同年三月六日付）

新野新（放送作家）「彼のナンセンス演技はアドリブが豊富で天才的なひらめきがありましたね。一昨年暮れに、レツゴー三匹の十周年記念リサイタルがあり、この時、弟の正児くんが『もうこんな機会はないだろうから』とルーキー新一と組んで漫才をやったんです。これはすばらしい出来でした。芸と人柄のアンバランスがこういう悲劇になったのだと思います」（朝日新聞同年三月五日付）

レツゴー正児「ほんとはね、身内だけでヒッソリ葬式出してやろうと思うたんや。唯一

の男の兄弟やったからね。死に顔はおふくろそっくりやった。やっぱり母子やねえ」（スポーツニッポン同年三月六日付）

そして、私自身もルーキー新一の訃報に接し、当時の私の心境を『花王名人劇場』のパンフレットに残していた。

「彼が〝どんなに貧乏をしても〟と決心してつくった劇団は彼のコメディアンとしての天才ぶりを身近にみて育ったレツゴー三匹だけを残して〝恐喝事件〟と共に消え去った。そしていま彼も消えた。

私は生まれながらの漫才師横山やすしの〝天才〟を愛してきたように、コメディアンルーキー新一の〝天才〟を愛するが故に、レツゴー三匹を愛し続けるに違いない。

『花王名人劇場』の『爆笑三冠王やすし・きよし、三枝、仁鶴』の録画に大阪の梅田花月劇場をのぞいたら、いまや吉本のコメディアンの長老となって元気一杯舞台をつとめる平参平さんが私にルーキー新一の死を大きく報じた大阪の夕刊紙をみせてこう言った。

〝これでルーキーもほっとしたやろ。もう誰も追っかけてきよらんさかいな。いまごろ両手で胸つまんでお尻つき出して三途の川を渡っとるんやろな〟合掌」（昭和五十五年三月十七日九号）

いっぱいの才能を持っていたのに

ルーキー新一は大勢の人を楽しませる才能を身体いっぱいに詰め込んでいながら、たった五年しか真価を発揮出来ずに人生を終わってしまった。

私は大学では歴史を専攻していたから、歴史上の大きな出来事ですら、運に大きく翻弄されることをよく知っている。

ルーキー新一の人生にも、「もし」と思うことがいくつもある。

「もし吉本にいたら」「もし恐喝事件が起こらなかったら」「もし浅草のリハーサルに来てくれていたら」……。とくに吉本を去った経緯や恐喝事件などはルーキー新一自身はまったくと言っていいほど直接関わっていない出来事である。

ルーキー新一の涙に騙された芸人は多い。しかしそのことを語る際に、枕詞のように付く言葉が「芸は面白かったのに」「才能はあったのに」「天才的なところの」だ。それほどに笑わせることに秀でていた芸人だった。

私自身もルーキー新一には何度も「怒り」の感情を大きく爆発させた。

しかし、自分自身の人生の幕が明日にでも下りようかという年齢になっても、こういった文章を残しておこうと思うのはなぜだろうか。

心の底ではいまでも「ルーキー新一の芸はもったいない」「もう少しなんとか出来なかったのだろうか」と口惜しく思っているのかもしれない。もしかしたら、ルーキー新一自身は、自分が持っていた稀有の才能に本当は気がついていなかったのかもしれないとも思う。

私が関わって来た芸人の数はそれこそ数百人、いやもしかするとそれを超える数かもしれぬ。それでもルーキー新一ほどの印象と、惜しいという気持ちを持った芸人は数えるほどしかいないのだ。

参考資料
旗一兵『喜劇人回り舞台ー笑うスター五十年史』一九五八年七月十五日学風書院刊
横山やすし『まいど横山ですーど根性漫才記』一九八一年八月徳間文庫刊
吉本興業編『吉本喜劇名場面集』一九八九年十二月二十一日データハウス刊

ルーキー新一略年譜

昭和十年十一月二十七日　香川県仲多度郡琴平町で、父直井義一、母シズヱの長男として生まれる。本名直井新一。直井家の兄弟は四人、新一の下に妹二人と弟一人がいる。なお、末弟で五歳年下の弟正三はレツゴー三匹のレツゴー正児。

昭和二十一年頃　戦後間もなく一家で大阪に移住する。

昭和二十四年頃　ソロバン塾を始める。早熟であった。

昭和三十二年　ラジオ番組『漫才教室』に出演、同番組をプロデュースしていた澤田隆治に見出される。

昭和三十三年　父義一死去、享年四十六歳。一家の生活が新一の肩に重くのしかかる。

同年　最初の結婚。

同年　黒崎清二と「梅野松夫・竹夫」のコンビ名でプロとして漫才を始める。

昭和三十四年　長女友子誕生。後年、この長女がルーキー新一の最後を看取った。

昭和三十五年　松竹新演芸から吉本興業に移籍し、オープン間もないうめだ花月劇場に出演。コンビ名を「ルーキー新一・清二」に改める。漫才の舞台に立ちながら、吉本ポケットミュージカルスにも出演。喜劇役者として注目される。やがてこのポケットミュージカルスが現在の吉本新喜劇に発展していく。

昭和三十八年三月二十六日　『てなもんや三度笠』に初出演。以降澤田隆治演出の『スチャラカ社員』、『ごろんぼ波止場』（レギュラー）に次々出演。

昭和四十年一月　吉本新喜劇の座長格になる。

昭和四十年四月　『てなもんや三度笠』の北陸編でレギュラー出演。

昭和四十年十月　吉本興業を退団、「ルーキー爆笑劇団」を立ち上げる。

昭和四十一年春　ルーキー爆笑劇団、千日前の千日劇場の常打ち劇団になる。

昭和四十三年十月　巡業先で女性劇団員の入浴を覗いた一般男性に男性劇団員が暴行、さらに恐喝までした事件が起こり、座長のルーキー新一も関与していたという嫌疑がかかり逮捕される。

昭和四十四年四月　千日劇場閉鎖にともない、劇団は自然解散。

昭和四十四年十一月二十五日　母シズヱ死去。享年五十四歳。

昭和四十五年三月　暴行恐喝で有罪判決。懲役六ヶ月執行猶予二年。

昭和四十五年　古賀寛子と結婚。四度目の結婚だった。

昭和四十六年　この頃、若山富三郎に拾われ、映画『極道シリーズ』はじめ、若山出演の東映映画に出演、彼の映画出演は吉本興業所属時代から数多くある。

昭和四十八年　ＥＰ盤レコード「木屋町ブルース」をテイチクで自主制作。地方のキャバレーなどを廻りながら、レコードの手売りで糊口を凌ぐ。

昭和五十一年五月　浅草松竹演芸場で「芸能生活十五周年記念・ルーキー新一劇団初公演」と銘打ち公演。

昭和五十二年十二月

浅草松竹演芸場の公演、六回を最後に終わる。原因はルーキー新一の借金癖。

昭和五十三年十二月

レッツゴー三匹の結成十周年記念リサイタルで、弟の正児とコンビを組んで漫才をやり、好評を博す。

昭和五十五年三月四日

大阪府守口市のアパートで死去、享年四十四歳。戒名釋新到。

【付録】

ルーキー新一喜劇台本

ルーキー新一喜劇台本について

ルーキー新一の喜劇台本のうち、昭和五十一年に浅草の松竹演芸場で公演されたルーキー新一劇団の浅草公演第一回公演の台本を掲載する。作・前川宏司、演出・澤田隆治になっているが、本当のところはルーキー新一本人の作・演出である。ながらく不遇でいたルーキー新一を浅草に招聘するとき、松竹と交渉するために前川さんに名前を借り、これに私の名前を添えて松竹の了解を取った「作・演出」である。実際は私と前川さんが稽古の時に立ち会い、気になった箇所をアドバイスした程度だ。公演中、私は客席の一番前に座り、観客のひとりとしてルーキー新一の笑いを堪能させてもらった思い出がある。

ルーキー新一の喜劇は、いわゆるドサ回りのなかで同じ演目芝居を演じる中、観客の反応を鏡にしながら毎回修正し、練りに練った芝居である。このようなスタイルで演劇を公演している劇団は、いわゆる大衆演劇をのぞけば、もはや日本では存在しなくなっている。ただ漫才は客を鏡にネタの手直しをしているから、芸そのもののスタイルは残っている。ルーキー新一は漫才からスタートした芸人だったので、この漫才を作り上げるスタイルを自らが劇団を主宰したとき、喜劇にも直感的経験的に取り入れたものだったのだろう。

それゆえ、ルーキー新一の喜劇は、台本という文字の形にすると、演劇脚本とはひと味もふた味も違うテイストを放っている。彼の芸を文字に記録しておくという意味もあり、ここに掲載しておく。

ルーキー劇団台本

狙われた男（全一景）

上演　浅草松竹演芸場

昭和五十一年五月二十一日〜三十一日

父　親　　　　六十歳　　伊東亮英
母　親　　　　五十五歳　三角八重
長　男　一郎　三十歳　　葉山純士朗
その妻　洋子　二十六歳　三杉幸子
次　男　新一　二十三歳　ルーキー新一
三　男　次郎　二十歳　　ミッキーオサム
長　女　花子　十八歳　　吉野マキ
村上産業社長　　　　　　内海突破
事務員田中　　　　　　　平山勝海
警　官　　　　　　　　　なべ洋介
村の青年（豚屋の息子甲）三遊亭歌夫

※都会で社長に迄出世して、きょう十年ぶりに帰郷する長男を待つ、あるかた田舎の家の庭先

※父・母、板つき

※母、いなり寿しを作っている

父　かあさん、きょうは朝から、せいが出るネェ。

母　そりゃそうですョ、長男の一郎が十年ぶりでもどってくるんですもの。

父　早いもんやなあ、もう十年になるんか。

母　えェ、大会社の社長さんですョ、おとうさん。

父　あいつも偉くなったもんやで、まさか社長になるとは思ってても見んかったわい。

母　今度は奥さんも一緒らしいですョ。

父　オー！　えらいベンピなそうやで。

母　エー！ッ、何ですかおとうさん。
父　いや、きれいな女の人の事をベンピ言うのや、知らんのか。
母　おとうさん、「べっぴん」ですョ、息子の奥さん、ふんづまりみたいに言わんといてナ、もう。

父　あ、そうか、そりゃそうと次郎と花子、どこ行ったんや、おれへんがな。
母　一郎を迎えに駅行きましたョ。
父　オーそうか、あいつらもうれしいやろな。
（思い出した様に）あっ！　もう一人おったな、家にそれ、これが。（耳の所でクルクルパーをする）

母　なんですョ、おとうさん、新一ですか。
父　あれしかおれへんがな、これは。（またクルクルパーをする）
母　新一なら、ウラでまきを割ってましたョ。
父　そうか、ちょっと呼べ。
母　新一、新一や、新一。

※母、呼びにいったところで新一登場。コートを着て腹ぼて姿。

新一　オー、お父っあん、長い事待たせたな。

父　誰も待っとれへんがな、それにしても、おまえ何ちゅう格好しとんねん。

新一　お兄ちゃんが十年ぶりでもどって来るやろ、俺も弟として貫禄をしめさないかんわいな、それでお父っあんのコートをちょっと貸してもらったから。

父　人のコートを勝手に着るな。（と、新一のコートを脱がそうとするとー）

新一　イヤーン、イヤーン、イヤーン。

※結局、コートを脱ぐと、腹ぼて姿。

父　なんじゃ、それは。

新一　この間、まんじゅうを腹の中にかくして寝たら、ねずみがくらいやがってからにー。

父　もうエエわ。

新一　あんちゃんまだやろか。
父　んー、おそいな。
新一　そんじゃ、わし、駅迄迎えに行ってくるわ。
父　あ、さよか……、あ、これこれ新一待て。
新一　なんや。
父　お前な、駅行くのはいいけど、お兄ちゃんにちゃんとしたあいさつ出来るやろな。
新一　何のあいさつ？
父　何のあいさつて、お前、十年ぶりにお兄ちゃんに逢うのや、それ相応のあいさつがあるやろが。
新一　兄貴と弟やないか、別にあらたまらんでもいいやろが。
父　せやけど、一応はせなあかんど。
母　そうよ、新一。
父　いいか、お父ちゃんが教えたる。オッホン、本日は御遠路の所わざわざ、ゴソクロウたまわりまして、まことにもってあつく御礼を申し上げます。

新一　なんや、お父っあんのあいさつ、お葬式のあいさつみたいやな。兄貴がもどって来るのにそんなあらたまったあいさつ、いらんやろが。

父　そうか、じゃもっとかんたんにいこうかい。

新一　オー、かんたんなのを教えてくれや。

父　よっしゃ、お兄ちゃん、遠い所どうもご苦労さんでした。十年ぶりに帰ってくると言うので、家中皆なで待っていました。疲れたでしょう、まあお風呂へでも入ってゆっくりとくつろいで下さい。

新一　まあ、そう言うふうにちゃんとやりなさいョ。

父　ハイ。

新一　よくできました。

父　これ、お前が言うのや！

新一　わかってるわ、お父っあんのあいさつの方がヘタやで。わしならちゃんとやるわ、まかしとけや。駅行ってくるわ。

母　あ…ちょっと待っとくれ新一。

新一　なんや。

母　あのね、一郎の好きなお酒が切れちゃってるんだョ。
新一　酒ここに入っとるやないか。
母　これは、お酢なんだョ。
新一　これお酢か、そんであんたがメスやないけ。
母　何を言うのこの子は。
新一　じゃこれに一杯もろうて来るわ。
母　源さんの所でネ。
新一　OK。ちょっと行ってくるわ。（…と行きかけて）ほんであの、どこ行くの（…ともどる）。
母　源さんとこ。
新一　あっそうそう…（また行きかけながら）源さんとこはもうしょっちゅういっとるわ、ほんなもの……あの……な……何しに行くの？（ともどる）
母　お酒を買いにだョ！
新一　そうだろう、源さんとこへ酒買いにでしょう…、わかっとんのにわからんふりするこのつらさっと。で、一郎兄ちゃんと奥さんがもどって来たら、遠い所を御苦労さん、まあ何にもありませんが、上へあがってお風呂へでも入って下さい。どうじゃ、あいさつ、わしの方がお父っあんよりうまいやろうが。

父　そうやな。

新一　要は風呂へ入ってくれ言うたらええんじゃなあ。わしちょっと今から酒屋の源さんとこ行って風呂入ってくれ言うてくるわ。

※新一、去る。

父　こら新一、何を言うとんじゃ新一、これ…あ〜あ、行ってしもた。

母　大丈夫なんですかネ、あの子は。

父　それが心配じゃから、なあ。それにしてもよう働く子やで。

母　ええ、それだけがあの子の取り柄ですよ。

※そこへ村の青年甲、登場。

甲　こんにちは。
父　あーこんにちは、まあ誰かと思ったら、甲養豚株式会社の御子息様じゃございませんか。
甲　ん？　まあ早よう言うたら豚屋の息子やないかい。
父　どうぞ、休んで下さいな。
甲　いやいやどうも、ちょっと天気悪いな。
父　ここん所、ハッキリしまへんな。
甲　こらまた今晩あたり雨やな。
父　そうでんな、まあ明日は天気が良（よ）うなるやろ。
甲　いやいや、明日も雨やで、へたすると明後日（あさって）も、この分だとその次の日も雨やな。
父　あんた、豚屋でしょ、なんでわかるんや。
甲　そりゃわかるがな、家（うち）の豚のケツがしみっとる。
父　なんやて！　豚のケツ。
甲　そうそう、これがよう当りまんのや。特にメス豚のケツが、このーっ、しみった時、これはもうじゃじゃ雨や、屁こいたら台風やで、気いつけや。まあそう言う事でメス豚のケツにはくれぐれも注意をする様に。では、今日はこれで。

※甲、すぐに歌を歌う。歌いながら去ろうとする。

父　あのーちょっと、あんた、家（うち）に何しに来たの。
甲　いやー、それをコロッと忘れとったがな、新ちゃんおるか。
母　新一ですか、今しがた源さんとこまでお使いに出しましたの。
甲　あ、そうか、いや新ちゃんな、前々から家（うち）へ豚の残パン整理に来てもらっとるやろ。
母　いつもお世話になりまして、どうも。
甲　いやいや、わしゃ民生委員やっとるから。そやけど新ちゃん、ようやってくれるわ、体中どろどろにして。まあー本当に助かってますわ。
父　そうですか。

甲　今家（うち）にメス豚が三頭おるんやけども、これ、名前がついとるんですわ。純子に、百恵に昌子、この中の純子ちゃん、どうも新ちゃんにホレとるらしいで。何せ新ちゃんの顔見たら、ハズカシそうにして、プーッ、ウフン、ブーッ、アホン。言うて甘えてねーっ。…どうじゃ嫁に一匹。

父　そうでんなあ…、どついたろかアホ！　そんな用で来たんか。

甲　いやー、実はこの前三日間だけ、新ちゃんに来てもらったんやけども、その時のアルバイト料忘れとりましてネ、今日こうしてわざわざ持って来たんやけど。

父　あっそうですか、それはどうもごていねいに。

母　ありがとうございます。

甲　今わしんとこもあんまり出せんけど、新ちゃんに一日二千五百円払っとんじゃ。

父・母　まあー、そんなに。

甲　ボク、民生委員ですから…、ほなお父さん、お金あずかってくれるか、二千五百円で三日ですから…と、六千円。（と渡して帰りかける）

父　ハイおおきに、…ちょっと待て。
甲　どないしたん。
父　どないもこないも、一日二千五百円でしょう、三日やったら七千五百円じゃないですか。
母　そうですョネ。
甲　あつははは……、バレましたか。
父　何が民生委員じゃ。
甲　ごめんなさい。じやこれ、余分にチップとして千五百円。
父　何がチップじゃ。
甲　新ちゃんに必ず渡して下さい、お願いしましたョ。（と帰りかける）
父　ハイ。
甲　（急にふりむいて）七千五百円。
父　わかっております。
甲　（急にふりむいて）新ちゃんに。
父　どうもどうも。

甲　（父の顔の前まで来て）民生委員もつらいわーっ。

※そして甲去る。父ズッコケル。

母　どうも御苦労さんでした。

父　いやいや、母さん、新一のやつな、人のいやがる仕事を自分からすすんでやって五年間で五十万位貯め込んでるらしいで。それもお前、あの漬物桶の中に。

母　あらっ、お父さん知ってたんですか。

父　お前も知っとったんかい。

母　えぇ、あの子、毎晩あすこの隅で楽しそうに数えてるんですョ。何かネ、最近の銀行にあずけていて使い込まれるといけないからって。

父　そうか、そうか。

※新一出る。

新一　お父っあん、源さん、風呂いらんでよ。
父　あたりまえじゃ。
新一　ほんで、酒もらって来た、わしと同じ酒。
父　なんや。
新一　美少年、「あなた知らないの」。…駅行ってくるわ。
父　ちょっと待て、今、甲養豚の息子が来てな。
新一　ホーッ、七千五百円、三日分やて置いて行った。
父　お前何で知っとんじゃ。
新一　今そこでバタッと逢うた。ほんでお父っあんに銭預けといたぞ言うて、一時間以内にもらわないかんぞう言うて。
父　なんでや。
新一　そうせんとあの銭はたぶん蒸発するぞ。
父　何を言うのや親子の間で、そんなんせえへん、よう調べてみ。
新一　そうか、一、二、三、四、五、六、七、八、九、十、…

父　なんやオイ、そんなあるか。

新一　わ、はは！　真ん中で折れとるやないか。

新一　（※と、新一、その金をもってオケの方へ行きかける）

父・母　すまんがちょっとお父っあんとお母はん、あの奥へ行っとってもらえんかな。

新一　なんで。

新一　今、仕事が残っとるから。

母　仕事って何だい。

新一　残業が…何でもええがな、一郎兄ちゃんがもどって来るから、父も母ももっときれいにしとけよ。ああそうや、風呂にでも入ってお母はん、お父っあんの背中でも流してやれ、お父さんの背中っていつみてもタクマシイわね…、お父っあんも言うてやれ、そういうお前もまだまだ捨てたもんじゃーないよ、おちちのふくらみなんかはぷくっとふくれて、左のおっぱいぺっちゃぺっちゃ、右のおっぱいこりこりこり、左のおっぱいぺっちゃぺっちゃ、右のおっぱい…

父　ええかげんにせんかい。

新一　なんでもええから早う奥に行ってくれ。

父　わかったわかった、それじゃ母さん奥へ行こ。

※二人去る

新一　来るなよ、しばらく来るなよ。（と言いながら漬物桶の中より金を出す）もう俺もアルバイトを始めて五年、こつこつ貯めてちょうど先月の末で五十万になった。十万づつ束にしてあるから一、二、三、四、五、五十万と今日が七千五百円だから、全部合わすと五十万……七千万か？　いやあ違うわ五十万七千…

（※そこに次郎と花子の声）

（次郎・花子　一郎兄ちゃんが帰ってきたよ。）

新一　お父っあん、お母はんよ、一郎兄ちゃん、帰って来たよ、早よ出て来いよ、早よ出て来いよ。

父・母　そうか、そうか、一郎が帰って来たか。（といって出てくる）

※がやがや言いながら、次郎、長男一郎、妻洋子が駅から帰って来る。

一　郎　洋子、例の話は僕から両親に言うから、君は何にも言わなくていいよ。

洋　子　ハイ解りました。

一　郎　お父さん、只今帰りました。母さん、只今。

　母　一郎。

一　郎　母さん。

　母　一郎。

一　郎　母さん。

母・一郎　会いたかった。

新　一　そら十年振りやものね、胸にキュッとせまって来るものが有るんやで…あら俺も来たよキューッと…一郎

一　郎　おお、新か。

新　一　一郎か。

一郎　新一。

新一　会いたーーくなかった。

※と二人はすれ違う、そして新一は妻の洋子の方に行く。

新一　お姉さん、まー遠い所をごくろうさん。まあまあ、白の色いお方で。

次郎　そらさかさまじゃ。

新一　お父っあん、オイラあいさつするから聞いてくれ。お兄ちゃん、久し振りだね、もうあれから十年なりますねえ、十年と言う長い間、あばしりおつとめ、ご苦労さん。

父　おいおい網走と違う、東京や。

新一　あ、そうそう、東京で出世して……、お姉さんも遠い所より、おこしをはずして来たのー。

父　ちがう、ちがう、おこし下さいましてや。

新一　ああそうか、おこしくださいまして、まあ何もありませんが、風呂にでも

父　入ってくつぬいで下さい。
新一　くつろいで下さいじゃ。
一郎　そうそう、以上。
洋子　母さん、紹介が遅れました、洋子です。
父　洋子です。
洋子　ようこそ。
新一　ふつつか者ですが何卒よろしくお願いします。
父　ふつつかちゃんも上へあがって下さい。
新一　ふつつかちゃん言う奴が有るかえ。
　　まあまあ、どうぞどうぞ。

※二人は上にあがる。

新一　まあきれいな着物ですねえ。
次郎　新一、何しとるねん。

新一　（着物の中をのぞき込み）うぶ毛がはえとる、中にまとめてはえとるよ。
次郎　つまらんことするな。
一郎　あー、そうそう、お前達にいいもの買って来たぞ。
次郎・花子　おみやげ、うれしいな。
一郎　そら次郎にはこれ…時計だ。
次郎　ウワ！　こら珍しい、こんな時計初めて見るわ。
一郎　そらそうだ、向うのもんだよ。
次郎　舶来か、どうりで…、ええもんやな！　舶来で…、いくら位した？
一郎　二、二十万。
次郎　二十万……、すごいな舶来で……さすが精工舎て、こら何じゃ。
一郎　お前これね、スイスのものだよ、スイス語で読まなくちゃ。セイコーシャと、こう上へあがらなくちゃ。
次郎　ああ、ケツを上げるのか、セイコーシャ。
一郎　そうそう。高い奴は皆んなケツが上るのよ。
次郎　そうか？

一郎　花子、花子いらっしゃいよ、お前にはこれ、これだよ。（と指輪を出す）
花子　うわーきれいやな。
一郎　たいしたことないよ。
新一　俺、これ時計屋で見た、ダイナマイト言うて。
花子　それを言うならダイヤモンド。高かったでしょう。
一郎　四、四十万だよ。
全員　四十万！
新一　兄ちゃん、俺は何だ。
一郎　あー、新がいたんだなあー……お前は、ウ……なしだ。
新一　ハァ！　なしをトラックに三台…。
一郎　いやいや、お前は何にもなしだョ。
新一　何にもなしって、こいつらに二十万も四十万も買ってきて、オイコラパンダ、ちょっと怒れ。
父　パンダて誰に言うとんねん。まあまあ今回は、新一、辛抱して。それより、皆、乾杯しよう。

※新一、しぶしぶ酒と酢をまちがえて皆につぐ。

全　員　乾杯！

全　員　あ！　酢！

父　新一、これ何をついどんじゃい。

新　一　すまん、すまん。ビンをまちがえた。

父　何をするんじゃ、さあさあ、奥いって飲み直しや。

※全員、がやがや言いながら奥へ入るが、洋子バッグ忘れる。

新　一　次郎、今日はお前も一杯飲めるぞ。

次　郎　お前も行くつもりか。

新　一　そりゃお前、兄貴がもどって皆なで飲むんやから。

次　郎　お前、こんでええ。お前みたいなアホが来たら話が合わん。

新　一　俺から合わすから。

次　郎　合わす言うたかて……あら、くさい、……ああ、豚くさい、あー来るな、来るな。

※二人もめて、次郎、新一を突き飛ばして奥へ入る。

新一、一人になって…。

新　一　せっかく兄貴がもどって来るんやないか、皆なで、一緒に飲もう言うんなら、わしも一緒に参加さしてくれ、参加することに意義があるのに。いつでもそうじゃ、お前は人前に出たらいかんいかんいかん言うて、そのくせ用事だけは人一倍させやがって、けさも六時から起きて、

（※バックミュージック流れる）

風呂焚き、庭掃除、まき割りから便所の掃除とわし一人でやっとるが…、そのくせメシ食うときは妹や弟には、大きなドンプリに二杯も三杯もメシ食わして、俺には湯呑み位の小さいお茶わんにメシを入れてくれるのかと思った

ら、「パカの大食いは頭が悪くなるからネ、そのお茶わんをうら返しなさい」と、うら側へちょこっとメシ盛って…、わしゃ仏さんとちゃうぞ、バカにするな、まあええわ、ええわ、皆なそうして一杯飲んで騒いどれ、別に俺とつきあってもらわんでも、つき合ってくれる奴はなんぼでもおるわ。

（※と言いながら漬物桶のそばへ行く）

お前だけが頼りやからの、しっかり、貯まってくれよ、わしが一生懸命働くからの…ハハハ、中でニコッと笑ろうとるワイ。まあ金さえ貯めときゃ、いざと言う時、何とかなるわい。あー、はらへったなあー、あっ、お母はん、いなり寿し忘れとる、あれいただこう。

（※バックミュージック終り、母出てくる。）

母　こんな所に忘れとった。（と、いなり寿しを持って奥へ入りかける）

新一　お母はん、わしも食べさしてくれ。

母　お前もほしいかい。（と、一つ、つまんで渡す。）

新一　一つだけか！

母　まだ食べるのかい、あんまり食べると馬鹿になるヨ。（と、二つ渡して去る。）

新　一　何だあの目つきは、インドのタニシみたいな目しやがってからに、二つぐらいでばかになるなら、三つくったらキチガイかい、食べ物はぜいたく言うたらいかん、お百姓さんが苦労して作ったお米ぜいたく言うたらバチがあたるヨ。

（※新一、寿しを一つ食べる）

ん、これはうまい、ええ、味ついとる、うちのお母はんは、これお稲荷さんつくらしたら最高、うまい。（と言いながらのどがつまる）

※そこへ、洋子、忘れたバッグを取りに来て新一に気づき茶を入れる。新一、それを飲む

洋　子　大丈夫ですか。

新　一　どなたか存じませんが、あぶない所をお助け下さいまして誠に…（と振り向く）

洋子　あっ、お姉さんですか。

新一　新一さん、こんな所で何をしてらっしゃるんですか。

洋子　今、お母さんからお稲荷さんいただいて食べてた。

新一　奥では皆さん楽しそうにやってらっしゃいますョ。

そうでしょう。何しろ十年振りやからね、俺も今奥行く言うたら、弟の次郎がね、お前こんでもええ言うて、アホやから話が合わん言うて。

洋子　せっかく兄弟が久し振りに会ったというのにネ。

新一　そうだよ、俺もつもる話がいっぱいあるの、一郎兄ちゃんと話もしたいのに…、でもいいの、私が側（そば）行くと豚くさい言うて…お姉さんにおう？

洋子　いいえ、じゃ私と一緒にまいりましょ。

新一　お姉さん、そうしてさそってくれる気持はありがたいけどね、あのー、家の中の事あまりしらないでしょう、皆なきらうの、だから私はここにおる方が家の中ややこしゅうならんでエエの…、ちょっとお話ししましょうか…時間あります、お姉さんきれいですネ。

洋子　まあ！　ありがとう。

新一　いいえどういたしまして。

洋子　ほんであの、お兄ちゃんとは見合いですか恋愛ですか。

新一　恋愛ですの。

洋子　恋愛したの…ウフッ、まあ！　何をするやらどスケベは…、どちらが先に好きやと言うたんですか。

新一　さあ、どちらでしょ。

洋子　どちらでしょうて、あんた、タイムショックみたいに言いやがってら…、

新一　チュッチュッした初めての場所はどこですか。

洋子　いやですわ、新一さん、そんな事言えません。

新一　車の中でしょう。

洋子　言えませんわ。

新一　違います、じゃ海岸でやりましたか。

洋子　何ですか、もー。

新一　教えて下さいなーっ。（と言いながら、洋子のお尻をちょっとさわって立ち上がる）

洋子　…あっ、大変だ！
新一　どうしました。
洋子　ちょっと医者呼んでくる。
新一　なぜ？
洋子　なぜったって、お姉さん病気でしょう。
新一　いいえ。
洋子　だってお尻りが二つに割れてるよ。
新一　新一さん、お尻は誰でもそうなってますわよ。
洋子　うそーッ、ボクなんか生まれてこの方…、あ本当だ…ピックリしたーっ。
新一　あっ、子供さんは？
洋子　まだですの。
新一　全然、結婚してだいぶなるんでしょう、一人も…まあ何とまあ…作り方知らんの、知っとんやろが、がんばってやらなあかんで、アレは。明日の朝一つ生んだれ、ブチッと。
洋子　そんなに簡単にはいきませんわ。

新　一　そんな事ないぞ、家のにわとり、毎朝やりおるで、わらの中できばって、ココケッコココ…言うたらスコーンといきよるであれ、あんなわけにいかん。
洋　子　そんなにかんたんには…
新　一　あ、そう、で子供は男の子、女の子どっちがええ。
洋　子　両方ともほしいですわ。
新　一　はい、わかりました、じゃあこれからもお兄ちゃんと末長く暮らして下さいよ。
洋　子　ハイ。
新　一　ではこのへんで、夫婦茶わんと記念写真をとります、それからお車代をあとで一万円お渡ししますから。
洋　子　いやですわ新一さん、それはテレビの番組でしょ。
新　一　あっそうか…。
※奥から、父出てくる。
父　新一、新一ーっ、あっお前こんな所で何をしとんじゃ。
新　一　オー、お父っあん何じゃ。

父　　何やあれへんがな、風呂の湯がわきすぎやがな。

新一　そうか、こりゃいかん、じゃこの水の入ったバケツ、次郎にやって、次郎にいかせや。

父　　次郎は今いそがしい、お前行って来い。

新一　いそがしいて奥で飲んどるやろが。

父　　何をごちゃごちゃ言うとるか、行って来い言うたらすぐ行かんかい。

新一　まるで人をギューバのごとくこきつこて、お父っあん、おぼえとれよ。

父　　何じゃい。

新一　もはやお前の生命（いのち）も時間の問題やぞ。（と言って勝手口の方へ入る）

父　　親を脅迫するのかあいつは……洋子さん、さあー奥へ行きましょう。

※父先に奥へ去る。あとから洋子入ろうとする時、事務員田中出る。

田中　奥さん、やっぱりここだったんですか。

洋子　田中さん。
田中　田中さんじゃないですョ。村上産業の若社長が私の後を追って来まして、今この村に来てるんです。
洋子　エ！ッ　村上さんが。
田中　はい、今駅前の喫茶店で待たしてあるんですが、五十万なければ会社が倒産すると言うのに奥さんつれて里帰りとは…
（※母、奥から出る。お茶を下げに出て聞いている。）
何事だとエライ、ケンマクで、怒ってるんですよ…、ところで奥さん、お金の方つごうはつきましたか。
洋子　いいえ、それが…
田中　こまりましたネ…
洋子　とにかくあなた村上さんをもう少し引きとめておいて下さい。
田中　引きとめるのはいいんですけど、お金の方は…
洋子　五十万のお金は何とかします、ですからここへは絶対につれてこない様にいいですネ。

田中　ハイわかりました。駅前のマテーニ喫茶ですから、すぐもどって…。
洋子　お願いします。（去って行く田中を見送りふりかえる。）
母　おかあさん!!
洋子　洋子さん。
母　今の話聞いていらしたんですか。
洋子　別に聞くつもりはなかったんですが…
洋子　お母さん、すみません。実は今の会社倒産寸前なんです。
母　倒産!!
洋子　業者に不渡手形をつかまされまして、今日中に五十万のお金を作らないと会社は明日にでもダメになってしまうんです。
母　五十万も…
洋子　お母さん、こんな事お願い出来た義理じゃないんですが、なんとかいい方法ないでしょうか。
母　急に五十万て言われてもねェ…困ったわネェ…。とにかくこんな所で話してるのも何だから、女は女どうし、奥へ行って相談しましょ、さあさあ…（と奥へ行きかける。）

…あっだれか来たわ、こっちから行きましょ。

※と勝手口の方へでる。

奥から父と一郎出る。

一郎　お父さん何とかお願いしますョ。

父　お願いします言うたかて、そんな大金あるわけないじゃろがい。

一郎　それがね悪い事に今月に限って預金残高が底をついてたんです。で、不渡の手形ですわ…、それで実は額面は五十万ばかりじゃないんですョ。

父　さっき五十万言うとったやないか、いくらや。

一郎　三百万。

父　三百万!!

一郎　それがねお父さん、実はこう言う訳なんです、私と同じ下受けの会社で村上産業という会社があるんですが、そこの社長が大変好意にしてくれましてネ、三百万のうち二百五十万迄貸してくれたんですョ。だから僕としてはあとの五十万を作らないと男が立たんのですわ。

父　五十万言うたら大金やしのーっ。

一郎　農協で借りるって訳には。

父　いやあかん、この前にちょっと家いろたんやけど、その時借りてまだそのままなんじゃ。一郎、そんなんやったら何で次郎と花子にあんな高価なもん買って来たんじゃ。

一郎　あー、あれですか。

父　そうじゃ次郎の時計、二十万やろが。

一郎　それがネ、あの時計、本当は日本の精工舎の時計、しかも質流れ品で四千円なんですョ。

父　四千円、じゃ花子の四十万の指輪は。

一郎　夜店で買ったガラス玉六百円。

父　なんや二つあわせて四千六百円。

一郎　ですからお父さん何とか…

父　そんな無茶言うな…（と言いながらオケの方を見る。）ないこともないな。

一郎　じゃそれ貸して下さい。
父　わしのとちゃうのや。
一郎　だれの。
父　新一の金じゃ。
一郎　ハッハッハッハッ、お父さん冗談聞いてる場合じゃないんですョ。
父　アホ、こんな時冗談言えるか、五年もの長い間コツコツ貯めた金があのオケの中に…
一郎　エッ、あの中に…（と下へおりてオケの方へ行きかける。）
※新一、勝手口の方から
（ニャーオ！　ワンワン、ニャーオ！　ワンワンの鳴き声）
そこへ新一出る。
新一　シッ、シッ、シッ、コラあっち行け。
父　オ！　新一か。
新一　お父っあん、今ウラで犬とネコがさかっとった。
父　そうか、新一、お前今帰って来たとこか。

新一　うんそうや。
父　じゃ、父ちゃんと一郎の話何も聞かんかったか。
新一　聞けへんよ、何か言うとった。
父　いやいや何にも何にも。（と父奥へ入る）
新一　お兄ちゃん、何か言うとったんか。
一郎　いや何もない、お前には関係のないことだ。（と一郎奥へ入る）
新一　関係ないことあるかい。お父っあんの目がギラギラ光っとる、このオケの中にかくしとるの俺しか知らんと思たら、お父っあん知っとった。こりゃあかん、場所変えよ。
※とオケの石に手をかけた時に
奥から次郎・花子出る。
次郎　さすがにやっぱりちゃうでこれは。二十万やからな、お前のもいいがな。
花子　四十万やもん。
次郎　オッ、新一君、お仕事ごくろうさん、ちょっと見てみ、二十万やでこれ。

新　一　何も知らんと喜んどるけど値段がちょっと違うわな。

次　郎　違うっていくらや。

※新一、指で四を示す。

次　郎　四十万か!!

花　子　私のも見てよ、四十万すんのよ。

新　一　それはこれくらい。（と指で六を示す）

花　子　六十万か!!

次　郎　二つ合わせて百万か、せやけどよう知っとんな、四十万か…。兄ちゃん言うとった、スイス製でセイコーシャ、上へあがるんや。

新　一　あがる言うとったやろ、ボチボチ下がらにゃあかんわ、セイコーシャ！

※新一そのまま去る。次郎ズッコケル。

次　郎　コラッ新一、…あいつ土産なかったからひがんどんねや。

※そこへ村上産業社長出る。

村上　こんにちは、ごめん下さい。
花子　お兄ちゃん、お客さん。
次郎　ハイ!!
村上　こちらに一郎さん、お見えになりますか。
次郎　ハイ、一郎兄ちゃんやったらいてますけど。
村上　やっぱりここか、一郎さん呼んで下さい。
次郎　呼んで下さい言うても、失礼ですけど、どちらさんですか。
村上　あっ、失敬、私、村上の。
次郎　かまぼこやさん。
村上　エーッ、かまぼこちがいます、村上産業の村上です、私社長。
次郎　あっそうですか、ちょっと待って下さい。
次郎・花子　お兄ちゃん、一郎兄ちゃんー。

※奥から一郎出る。

次　郎　お兄ちゃんお客さんやで、村上産業の社長さん。
一　郎　エッ、あっ村上さん。
村　上　一郎君、なんだね君は、五十万できたかね…

※一郎、村上の側へかけより、弟妹たちに席をハズさせようと

一　郎　あっ、お前たち、外へ行って遊んで来なさい。
花　子　行きたくないわ。
一　郎　若いもんが何だ、あっ、新しく出きたボウリング場にでも行って来なさい、お小遣いやるから。
次　郎　あの人とどんな話すんの!!
一　郎　関係ないの、行きなさい！
次郎・花子　何も怒らんでもエーがな。

※と言って次郎・花子は去るが、そっともどって来てぬすみ聞き…。

一郎　さ、どうぞこちらの方へかけて下さい。

村上　一郎君、何をしているんだね君は、エーッ自分のやってる事がわかってるんですか。今日（こんにち）まで貴方の会社と私の会社、お互いに兄弟会社として丸く丸くやって来ました。

一郎　ごもっともです。

村上　今度の事で私は貴方を信用して、三百万のうち二百五十万まで出しました。

一郎　あとの五十万すら出来ないんですか。

村上　それを思えばこそ、はじをしのんで親元まで金のムシンに来てる訳でして。

一郎　それでお金は出来たんですか。

村上　それがその…

一郎　あっそうですか、わかりました、私が出した二百五十万、返して下さい。

村上　村上さんあとしばらく待って下さい。

一郎　あとしばらくゆうて、二日ですか、三日ですか。

村上　いえいえ、あの二時間だけユウヨをいただけませんか。

村上　二時間ですか、わかりました。もう一度だけ信用します、待ちましょう。
一郎　そうですか、ありがとうございます……。駅前にマテーニと言う喫茶店がありますから…
村上　今までそこにいたんですョ、またもどるんですか。
一郎　誠に、おそれいりますがもう一度だけ…
村上　それでは二時間で五十万、必ずですョ。
一郎　御足労おかけ致します。

※村上社長去る。

一郎　…とは言うものの、二時間で五十万、何とか作らにゃいかん…

※一郎、奥へ入りかけると、ぬすみ開きしていた次郎・花子が一郎を呼びとめる。

次郎・花子　一郎兄ちゃん…お兄ちゃん。

一郎　何だお前達、そこでぬすみ聞きか。
次郎　お兄ちゃん、お金にこまってんねやろ、それやったら何でこんなもんこうて来たんのや、お前のもかせ…（と、次郎時計をはずして、花子の指輪も取る。）
一郎　さっき新一が言うとった、両方で百万やて。
次郎　それな、そんな高価なもんじゃないんだョ。
一郎　それじゃ…いくら？
次郎　あのー、五千円札出したら、四百円おつりが来たんだ。
一郎　じゃ両方で四千六百円。
　　　まあな…、あのなお兄ちゃんやせても枯れても会社の社長だ、五十万位の金、右から左だお前達が何も心配しなくてもいいんだよ。
※といって、一郎奥へ去る。
次郎　あんな事言ってるけど、お兄ちゃんの顔見たか、おい花子、心配そうな顔やったで…。そやけど五十万言うてもなあー。

まてョ、もし五十万あるとしたら、オイ花子。

花子　ん!!

※二人、漬物桶の方を見る。

続いて、母が勝手口から、父が奥から出てオケをじっと見つめる。

そこへ、新一出る。

新一　ぶつぶつ…。

※皆なの視線に気づきオケの上に座る新一。

新一　お母さん。

母　なんでもないョ。（と奥へ入る）

新一　お父さん。

父　なんでもないなんでもない。（と奥へ入る）

※新一、花子の顔を見る。

花子　何でもないわョ…（と奥に入る）

新一　次郎ー。

次郎　何にもあれへん、何にもないがな。（と奥へ入る）

新　一　団体で目がつり上がっとるやないか、皆な俺の金ねろうとるんか、こりゃいかん…。

（新一、オケの中の金を取る）

よっしゃ代わりに何ぞ入れといてやろう…、ゲタがいいやろ、金やと思てあけて見たら中からゲタが出て来て、ゲタゲタゲターッ、笑うにも笑えんやろ…。

※新一、オケの中にゲタをくるんだ新聞紙のつつみを中に入れて石を置いた時、警官出てくる。

警　官　こんにちは。

新　一　ヒャーッ、ビックリした。

警　官　なんだ新ちゃんじゃないの、どうしたの、アレ新ちゃん、きょう豚屋のアルバイトは？

新　一　豚が全部メンスで今日はお休み。

警官　豚メンかね、今日は家の手伝いか、一郎さん来た。
新一　ん、来たョ。
警官　そう良かったネ、それじゃ本官は職務中だからこれで。（と帰りかける）
新一　あっ、ちょっと、ひまわりさん。
警官　なにっ、おまわりさんでしょ。
新一　そう、そう、話があるからちょっとかけて。
警官　あ、そうかね、じゃ…あんまり長居はできないよ。
新一　ん、あんたにだけしかできない仕事。
警官　と、言うと…
新一　あんたに手柄を立てさす話。
警官　手柄と言うと…、そんないい話あるかね。
新一　それはそうと、あんた、この村に来てもう何年になる。
警官　かれこれ十年ですな。
新一　十年、長いねェ、十年たつけども今だに、あんた、役職が上ったいう話聞いた事ないけど。

警官　まあ、ずーっと平（ひら）で通してますからね。

新一　ふつう二年か三年で少しづつ上って行くんだけどね。

警官　皆な上ってますね。

新一　あんたは上がらないの。

警官　まあ、しんぼう強い方でしょうね。

新一　平和な村やからね、どうしたら、こう上って月給も上げてもらえるの。

警官　やっぱり手柄を立てなくちゃ、たとえば人のため世のためになって、泥棒とか強盗とかつかまえなくちゃ。

新一　やっぱりなあ…・

警官　いやー、本官も来年の秋にはネ、絶対、手柄を立てようと思ってる。

新一　何か目標有り？

警官　はいな、あの有名な三億円の犯人。

新一　オーッ。

警官　あれをつかまえてね、一挙に昇給しちゃうよ、警部コロンボ…ジャーン。

新一　え？　コロンボは刑事や。

警官　あ、そうか。じゃ、コジャック、

新一　それも刑事。

警官　そう、じゃあ、金田一耕助。

新一　もう、金田一は探偵やないか。

警官　まあ、何でもええわ、昇給したら、三億円逮捕で。

新一　ふうーん、来年…秋に…

警官　そうそう。

新一　来年の秋、三億円はもう時効だよ。

警官　エッ!!

新一　えっーて、昨年、時効になっとるわ。

警官　本当ですか…、知らなかった。

新一　これは当分、ヒラだな。

警官　大変だ、本署に知らさなくてもいいかな…

新一　そんなもん、すぐクビになるよ。まあ三億円なんてやめて、五十万円位のをねらっているコソ泥、こいつをガバッとつかまえて、そんで月給上げてもらったら。
警官　そらーつかまえたいけど、この村は平和です、まあそんな話はないでしょう。
新一　おる…それが。
警官　えーっ、本当かね新ちゃん。
新一　それも一人や二人とちゃうで、団体で…泥棒が。
警官　団体で…、観光バスか何かで。
新一　あんた私よか上のバカと違うか…、パスに乗って泥棒が来る訳ないでしょうが…。私の家の回りに泥棒が出かかっとるから調べなさい。
※警官ウロウロし始める。
新一　相手も必死やからね、あんたの方へガバッ。
警官　おどかすんじゃないョ。
新一　危ないかくれてかくれて、伏せ伏せ伏せ伏せ。
※新一、警官を指揮して、警官走り回る。
警官、座敷の上へ伏せる。

新一　ま、よう遊ぶねェー。（と新一去る）
警官　コラ、新一、本官を何だと思っとんじゃ、死刑にするョ、…しかし待てよ、新一の奴、パカだバカだと言っても、今迄かつて、本官に一度もウソついた事がないからな、もしかすると新一の言う事は本当かも知れんぞ。ん…一度ケイカイして調べる必要はあるな。

※警官、去る。奥から父と母出る

父　母さん、一郎のあの顔見てたらもうかわいそうでなあー、この際やむをえん、新一の金を一時（いっとき）借りとこ…
母　そんな事したら新一がかわいそうですョ。
父　かわいそうなのはわかるけどな…かと言ってお前、一郎の会社がつぶれるっちゅうやないか、もうお前も何も言うな、新一には悪いけど…。

※と言って、父・母は庭へおりて、父オケの中の金をとる

父　あった!!　これやがな、これやがな、ちょっと固いな…

母　新一の事だからグルグルがんじょうにまいてあるんですョ。

父　そうか、さっ行こう行こう。

母　お父さん、このままだったらわかってしまいますョ。

父　そうやな、どないしょう、そうや何か替わりのものを入れとこう、何がいいやろ、そやこのスリッパ入れとこ…。

※父、スリッパを紙にくるんでオケの中へ入れ石をおく。
　その時、警官出てくる。

警官　こんにちわ!!

※父ふるえる。母はすぐにさっきとったものをかくす。

父　ピックリしたー、な…なんですか、きょうは。

警官　何ですか、何をやっとったんかネ…、今そこで。

父　エッ、あっ、漬物をちょっとつけてたんですョ。
警官　漬物つけるのに震えるんですか。
父　ハイッ、ふるい漬け言うて家の家風でね。
警官　変わった家風ですな、ホンデ何をつけてたんですか。
父　ええ、ちょっとそのー、なんですわなあー。
警官　ちょっとハイケンします。
父　いやまだつけたばかりでんねや、そんな…、あの…。

※警官、オケの中を見て驚く。

警官　新聞紙!!　何ですかこれ…スリッパ…、お父さんこれが漬物ですか、こんな漬物初めてですな。
父　エッそうですか…（スリッパをとり上げる）これをそのオケの中につけておくんです、そうすると、菜っ葉が出ますんですョ……、一週間目に先に一本、二週間目に真中に一本、三週間目に後ろの方に一本、葉が三枚、ワン・ツー・スリーッパ。

警　官　スリッパネ……、ごくろうさん。（と言って警官去る）

父　はあ、一時（いちじ）はどうなるかと思った…。

※父、スリッパを新聞紙に再びくるんで、オケの中に入れて、母とともに、勝手口の方に去る。

※すぐ次郎と花子出てくる。

次　郎　もう最後の手段や、新一の金借りよう、花子、お前ここで見はっとけ、何ぞあったらすぐ知らせョ…

花　子　うん、わかった。

※次郎オケの方にかけより石を持つ。その姿をみて…

花　子　キャーッ！

次　郎　なんや!!

花子　犬!!
次郎　なに。
花子　となりのクロ…
次郎　アホか、お前は。犬は四つ足や、オレは二本足やど、二本足。四つ足はなしじゃ。

※次郎、再び、オケの方にかけより石を持つ。

花子　キャーッ。
次郎　なんや!!
花子　にわとり。
次郎　どついたろか、四本足は言うな言うたやろ。
花子　にわとりよ、にわとり…。二本足よ。
次郎　しまいには、殺すぞ！　同じ二本足でも、人間じゃ、何を考えて生きとんじゃ、お前は。

※次郎、ぶつぶつ言いながら、オケの中から新聞紙にくるんだものをとる。
そして花子にわたす。

次　郎　さあ逃げよう。

花　子　お兄ちゃん…、何か他の物、入れとかないと…。

次　郎　たまにはええこと言うがな…、よし、このワラジを入れとこう…。

※次郎、わらじを新聞紙にくるんでオケの中に入れ、ふたをする。
そこに、警官出てくる。

警　官　ごめん下さい。

次郎・花子（驚きながら）ハイハイ。

警　官　次郎君、花子ちゃん、どうしたの、そんなにあわてて…、今何をやっとたんかね。

次　郎　いえ…、ちょっとつけものをその…

警　官　また、つけもの…、スリッパかなんか…

次郎　何ですか、それ。
警官　いやいや、うちのおふくろが、またつけものが好きでネ、じゃちょっとハイケン…。
（警官、オソル・オソル中をあける）
また新聞紙……ワラジ……これがつけもの……どうやって食べるの。
次郎　おまわりさん、これはね、そのー、ちょうどちょうど、ほぐれる頃に、きざんで醤油をかけて食べまんねん。そうすると、体が丈夫になって歌がうまくなる、達者でな、言うて…。
警官　ほう、歌が!!
次郎　ハイ！　わらじにまみれてよー、育てた馬子…（と歌う）
※この時歌に合わせて警官踊る。そして、ズッコケル。
警官　だんだんわからなくなって来た…

※警官去る。
次郎、新聞紙にワラジをつつみオケの中に入れる。

次　郎　オイ、花子、早く来い…。（次郎・花子、奥の方へ入ろうとすると）
誰か来たぞ、…こっち へ来い…。

※次郎・花子、勝手口へ入る。
と、一郎出てくる。あたりをキョロキョロ見回して、オケのそばへ。

※警官出て、垣根の所で伏せて一郎を見ている。

一　郎　新一すまん！

※一郎、オケの中のものをふところへ入れる。
代わりに新聞紙に地下足袋をくるんで中に入れ、ふたをして石をのせる。

※警官、立ち上がって。

警　官　手を上げろ、武器を捨ててすみやかに出て来なさい！　貴様は誰だ、名を名乗れ。

一　郎　一郎です！

警　官　一郎…、あっ十年ぶりに帰ったと言うあの長男の一郎さんですか。

一　郎　ハイ、そうです。

警　官　でその一郎さん、ここで今なにをしてたんですか。

一　郎　いいえ、家内が田舎のつけものを食べたいなんて申しましてネ…。

警　官　…つけ…もの…、奥さんが…。私も好きです。ちょっとハイケン…。

やっぱり新聞紙…、地下足袋？　一郎ちゃん、何これは。

※一郎、警官から地下足袋をとってスバヤクつつみなおす。

一　郎　まあ、外国の文献をひもときますと…

警　官　ホレ、きたよ…、外国ネ。

一郎　貴方、ご存知ですかな、あのフランケンシュタインベックドラキュラ博士、その方の論文が世界的に、センセーションをまき起こしましてね、一匹のハエをですね、タバコの入ったオケの中に入れておくと…絶命するうたがいもなく、精神的ショック、コウ管と脈管と肺管とが平行を示した結果である…と言ったようなわけでして…。

警官　それで、そのお話と地下足袋とそのお……どういうご関係があるんでしょうか。

一郎　あっこれですか、これは、ジカにオケの中につけておいて食べる時はすぐに食べる、ジカ食べ……ジカ食べ……

警官　ジカ食べ？…（警官その場にすわりこむ）

一郎　おまわりさん、どうしたんですか。

警官　ワラジじゃなくて、ジカ食べ…いや地下足袋…頭がボーッとなって来た僕こういう生活もういや、警察やめる。

一郎　やめるったってあなた…

警官　いいの……、僕のお母さん、保育園の保母さんだもん。お母ちゃんとこいく…お母ちゃんとこいく…、お母ちゃーん、助けて…お母ちゃーん。

※警官去る。

一郎、地下足袋をオケの中に入れる。

一　郎　何はともあれよかった…、洋子、洋子。

※洋子、勝手口から出る。

洋　子　ハーイ、あなた。

一　郎　洋子、東京帰るぞ。

洋　子　帰るって、あなたお金は?

一　郎　出きた。

洋　子　出きたって、どうして。

一　郎　オケ。

洋子　桶？
一郎　いや金策はオーケーだよ、かぱんもってくるからお前もすぐに支度しなさい。
※一郎、奥へ入り、洋子残る。そこに勝手口から父・母出てくる。
父　あっ、洋子さん、五十万出来ましたョ、これ使って下さい。
洋子　お父さん、もういいんです、お金はもうできたって一郎さんが今…。
父　そんな事、ありますかいな…、あっ、きっと洋子さんを安心させるための一郎の芝居ですがな、なあ、母さん。
母　そうですョ、さあお父さん早く。
父　洋子さん、これこれ何にも言わずに使って下さいね。
洋子　ありがとうございます・
※父・母、奥へ入り、洋子は残る。
父・母と入れちがいに事務員田中、出てくる。

田中　あっ奥さん、…もう止めようがないんですョ。
洋子　田中さん、出きました、五十万。
田中　五十万出きたんですか、早速、届けます。

※洋子、父・母からのつつみを田中にわたす。
田中、去ると、洋子も奥に入る。
そして一郎、出てくる。

一郎　洋子、洋子…。

※そこに、勝手口から次郎・花子出る。

次郎　あっ、一郎兄ちゃん、喜んでーな、五十万出きたで、これ使うてなっ。
一郎　ああ、いいんだ、いいんだ。心配かけたけどな、兄ちゃん、金出きたんだ。

次郎　出きた、良かったなあ、ほんまに…せやけどせっかく僕等かて作ったんやし、それにお金はいくらあってもじゃまになるもんちゃうやろ、使うといてなあお兄ちゃん。
一郎　そうか、それじゃお前達の好意に甘えさしてもらうよ。
次郎・花子　よかったなあ！　よかったなあ！
※そこに、村上出てくる。
村上　一郎さん、あなた、いつまで待たせるんですか、もう二時間は過ぎてるんですョ。
一郎　出きました、五十万…。
※一郎、次郎から受取った包みを村上に渡す。
村上　一郎さんよかった、あなたはやっぱり約束を守る人だ。じゃ私、先に東京へ

帰りますから。

一　郎　追っつけ私も帰りますから…。

※村上去る。

※そして父・母と洋子出る。

父　　一郎もう帰るんかいな。

一　郎　どうもいろいろとお世話になりました。

母　　いえいえ、またいつでもおいでよ、一郎。

次　郎　お兄ちゃん、あれいつでもいいよ。

一　郎　そうか…、お父さん、じゃあ…（と帰りかける））

※そこに新一、出てくる。

新一　なんやあんちゃん、かばん持って…。

一郎　ん…、あの…に、兄ちゃん東京に帰ろうと思って……。
新一　帰る言うて十年ぶりに来たのに…、もうちょっとゆっくりしていけや…、なあ、お父っあん。
一郎　それが、急に大事な用件を思い出して。
新一　そうか、じゃ気いつけて帰りや。

※そこに田中、出てくる。

田中　奥さん！　あっ社長、これ五十万だと思ったらゲタじゃないですか！
洋子　エッ、ゲタ…。

※そこに、村上も戻ってきて。

村上　一郎さん、貴方私をバカにしてるんですか、このスリッパが五十万ですか、エッ、これが。

一郎　スリッパ…、申し訳ない、じゃこれを（とふところのつつみを出す）

父　何だこりゃ、わらじ。

新一　じゃ本物の金はどこにあるんや!!

父　本物の金て何や!!

新一　つけものオケの中の金やがな。

次郎　そりゃ、わしの金やろがい、わしの金はとっくにわしの腹の中に入っとる。

腹の中、アホ！　いくら腹へったからて食うやつがあるか。

（新一の背中をなでて）出せほれ。

※新一、次郎をつきとばす。

新一　何を言うとるかお前、なんぼわしがバカでも自分がコツコツためたお金、食うてしまう程パカじゃないわい。

次郎　せやけど、今腹の中言うたやないかい。

新一　腹の中とは、ほれ、ここに…。（と新一、金を出す）

父　（半泣きで）あ！　その金やがな、その金…（両手を新一に出してしゃがみこむ）。

新一　な、な、な、何しとんねんお父っあん、あんたの金かこれ。これはわしの金やろが…。わしゃゲタだけ入れたのは覚えとるけど、スリッパやわらじまで出てくるとは思わんかったわい…。父っあんも皆な、やりやがったな、さてはお前らの目つきがおかしかったからな。こら取られたらいかん思うて、現金は先ぬかしてもろたわ。あとから次へ次へといろんなもの入れくさって……、ほんとに誰一人として、ことわりもなしに銭取ろうとしやがって…、俺がばかやから後でどうにでもごまかせると思たんかい…お前等のその根性が気にいらんわ…。なんぼわしやから言うても、ええかげんにしといてくれョ……、バカはバカでもここまでされたら腹が立つんじゃい…腹の中がえぐり返っとんのがわかっとるのか、お前らに…。頭（ず）がたかいっ！

※洋子、村上を残して、全員ひざまずく。

村上　このスリッパじゃ、五十万にならないんだヨなあー、こまるんですョ…ハイ！

※新一、村上の方へ行く。

新一　あんた、関係ないんやからだまっとってくれ。（と言って父のそばに）皆なしばらくそうして待っとれや!!　俺あちょっと出かけてくるわ…。

父　どこ行くのや。

新一　警察…全員、タイホ！

次郎　そんな、たいそうな。

（バックミュージックスタート）

新一　何がたいそうや、お前、人の金盗もうとしたやないか。お前だけとちがうぞ、妹もそうやお父っあんもお母はんも…、それに兄やんまで取ろうとするとはのう…、ちょっと虫が良すぎへんか兄ちゃん、妹や弟には、わずかでも土産もんこうてきて、俺には何もなしの上、五十万持って帰ろうちゅうんかい、そりゃちょっと無茶苦茶で……、立場逆やったらどうする、あっそうですか、持っていってくれ言えるか……。この金はな、俺の金であって俺の金とちがうの、考えてみ、あんちゃん、まさかお前がねらうとは……、そら妹や弟、こいつら、甲斐性がないからの、そら事情があって金をねらうならしょうがないとも思ってやれる……。お前、社長とちゃうんかい、その上、お父っあんやお母はんまで……、なさけないよ…。これ母よ、お父っあん、お前らわしの親とちがうんかい…、お母っさんわしを生んでくれたんやろが…、それがお父っあんと協力して……。そのくせわし作る時だけ手ェぬきやがって…、おかげで俺一人だけ、コイツが遅れてしもてから……。

そんな事今さら文句言うとるのとちがう……。けどお父っあん、この金はお父っあんとお母はんの金だと思ってるの……、次郎はあと二、三年したら嫁もろて出て行くやろ。ものいりやわのーこれはまた…。その後すぐ花子が嫁に行くわ、二人共出ていってしもたら、後に残るのはわし一人じゃ……。わしみたいなパカに嫁の来てはない!! いつまでも苦労かけるのは目に見えとるわい……。家を出て十年たってえらい出世したと言う兄貴もこれまでに手紙は何回も来たはな、今日は社長のつきあいで出かける…ゴルフにいかにゃいかんとどんだけうれしい手紙が兄貴から来たか。せやけどその中に、なあお父っあん寒いやろからパッチの一枚でも買え、お母さん着物の一枚でも買えと言うて、たとえ一万円の金でも入っとったことがあったか…、ただの一度もお前、（一郎の方をにらむ）なかったやろがい……。わしゃ毎日家におったからようわかっとるわい…。わしら親子三人だけになってお父っあん、寒くなって来たら、また神経痛の、リューマチのとあちこち体がいたみ出すやろ…、お母はんもまた、持病のゼンソクが出て来るわ、二人共寝こんでしもうて、わし一人になって、医者呼んでこないかん。ほれ隣り近所に、すまんけどお金貸してくれませんかと頼みに行った所で、このアホに誰が貸してくれる、一円も貸してくれるか、そんなもん。その時にちょっとでも役に立ててもらおうと、アホはアホなりに気ぃつこうて、コツコツコツコツ貯めてきた金だまって取ろうとする。お父っあん、わしゃ腹が立つと言うんじゃ……、わかってくれよこのぐらいの事、…お兄ちゃん、お前さえ帰ってこなんだら、こんなややこしいことにはならなんだ、うちは貧乏やけども皆な仲よう暮らしとんじゃ……それを社長に出世したのとカッコウのいいこと言うて、だましやがってお前は人間の皮をかぶった、たぬきと一緒じゃ。

次郎　別にそこまで言わいでもいいやろが。

新一　言いとうもなる、これだけ大勢おって誰一人として俺に金を貸してくれと頼まんやないかい……、そこはお前、親・兄弟やないかい、何とか方法もあったやないかい…。

次郎　新一兄ちゃん、頼むから、そのお金、一郎兄ちゃんに貸してあげてえな…。

新一　今さら何を言うねん、お前も…。

花子　新一兄ちゃん、私からも頼むから、一郎兄ちゃんに貸して上げて…。

一郎　新一…お兄ちゃん、まんどこまって、その金なかったらどうにも身動きできないんだ……、貸してくれ…。

母　新一や、一郎もああいってるんだから、そのお金貸してやっておくれ。

父　新一!!　誰も悪い事ない、断わりもせずにその金を使おうとしたお父っあんがみんな悪いねん…、新一、た、たのむから一郎にその金貸してやってくれ、この通りだ……。

新一　そんなにこの金が必要なんかい。

父　貸してくれるか。

新一　よう貸さん!!

※皆なガッカリする。

それになあ兄ちゃん、わしらが大きゅうなるについて、皆なお父っあんに口をすっぽうして教えてもろた言葉があったやろ…「自分の事は自分でせー!人を頼りにするじゃない」と…。わしゃまた親の言うことを良うく守る子でネ、うらむんなら、わしをうらまんと、お父っあんをうらんどけや……。いつまで座っとんのそこで…いつまで座っとったってこの金は出えへんぞ……。人の金を頼りにするなよ…、それに五十万位で、つぶれる会社ならいっその事つぶしてしまえ、男なら裸一貫出直してもういっぺんやり直せ、アホのわしにこれだけ言われて、腹が立つなと思うんなら、その腹の立つ気持ちを、仕事の方へ向けてもう一度男一匹やり直せ…。(続いて)もうええから帰ってくれ、お前みたいな兄貴もったのかと思たら、わしゃなさけのうてなさけのうて……顔も見とうないからもう帰ってくれ

洋　子　……帰れと言うたらもう……とっとと帰ってくれや！

一　郎　あなた、帰りましょう。

洋　子　（立ち上がり）そんなこと言ったってお前…。

私達が間違っていました、人を頼りにしようとした私達がいけなかったんです。……お父さん、お母さん、すみませんでした、今度帰ってくる時は、うそのない人間で帰ってまいります。

※洋子、一郎、田中、村上、帰りかける。

新　一　ちょっと待ってくれ、お姉さん…、あんた、あやまるだけあやまって…わしに金を貸してくれとは頼まんのかい…。

洋　子　そのお金は、新一さんの大切なお金ですものねェ。

新　一　そう思うてくれるかい。

洋　子　新一さんが、人のいやがる仕事をして、一生けんめい貯めたお金ですもの…。

新　一　本当にそう思うてくれるの…、ありがとう……。

貸してあげようか…、わしはちょっと人間がかわっとる…。誰やらみたいに、貸してくれ貸してくれ言われたら意地でもよう貸さん、せやけどお姉さんみたいに、いらんいらん言われたら、こっちから無理にでも貸しとうなるわ。……この金でよかったら、遠慮のうつこうといてくれ…。

洋子　あなた…。

※一郎、新一の金を取ろうとすると…、新一スカス。

新一　お兄ちゃんに貸すんとちがうぞ、これは…よう出けたあんたの奥さんに貸してるの、お礼言うんならわしに言わんと心のやさしいお姉さんに言っとかな兄貴、パチがあたるぞ、お前…、ある時払いのサイソクなしじゃ…。

※新一、一郎にカネをわたす。

一郎　ありがとう…、村上さん今度こそ…。

（ミュージック終る）

※新一、村上と一郎のそばへ来る

新　一　本物の五十万です。どうぞ。

村　上　一郎さん、あなたいい弟さんを持って本当に幸せですね…、じゃさっそくこれをもって東京に帰ります。

一　郎　お願いいたします。

※村上、行きかける

新一　ちょっと待って下さい。

（村上の所へかけより金をもう一度とりあげる）

もう一ぺんだけわしに…あたためさしてくれ…。

※全員泣き声…。

―― 幕 ――

【解説】
ルーキー新一の真値とは

村松友視

この本の著者である澤田隆治は昭和八年生まれ、父の仕事の関係で小学生時代を京城（ソウル）で過ごした。時代は、日中戦争から太平洋戦争へと様相を変え、大きくなったら兵隊さんになると思い込みつつ育っていったという。終戦のあと、日本に帰り、父の故郷である富山県の高岡に引き揚げたあと、中学三年からは兵庫県の尼崎に住んだ。目のあたりのけしきがめまぐるしく変転する環境の中で、多感な少年期を過ごしたことになる。

少年期の変転はこの世代の一般的な特徴であり、とくに特殊な環境とはいいがたい。ただ、その少年が雪国の故郷の映画館でスクリーンの中のエノケンとの出会い、尼崎に住むようになったあとも、満員の梅田劇場で『エノケンのらくだの馬さん』や、『エノケンの法界坊』を体感している。戦後史の中における貧困による労苦はもちろんのことだが、そんな少年時代に別な色彩をもたらしてくれたエノケンの芸と、その芸に楽しむ人々のつくる構図のインパクトが、一般的な世代論を超える著者の骨肉とも髄ともなって取り憑き、

〝笑い〟のジャンルにたずさわる原点となったのはたしかだろう。

引き揚げ時の少年ながらの苦難の体験によって、〝めったに笑わぬ少年〟が形成されたと想像できるが、エノケン体験の強烈な刺激が、感受性の鋭い少年の性格、性質、気質、気骨などをかたちづくっていったのはたしかだろう。成長してのち、「笑い」を「戦争」の対極におく骨太な人生観とも思想とも言える著者の独特の構図が、このような筋道の中で醸成されていったという私なりの見方は、あながち的を外しているとも思えないのだ。

やがて、著者は朝日放送に身をおき、ラジオ番組を手がけたが、そこで早々に脚本家であり漫才作家でもある香川登志緒と、漫才の神様と呼ばれた秋田實という二人の〝怪物〟と出会うことになる。そんな環境の中で、〝めったに笑わぬ少年〟時代のエノケン体験とはまた別の意味で、「笑い」の鑑定眼に不可欠なえぐい眼差しが著者に植えつけられていったのではなかろうか。

自身が立ち上げた漫才のコンテスト番組『漫才教室』のスタート早々に、大阪の大正区でそろばん塾をやっていた直井新一という若者が姿をあらわした。その天性の〝かわいらしい顔〟から放たれる比類ない光を、著者はえぐい眼差しによってたちまち見抜いた。その上、コンテスト参加者の中で群を抜いた漫才のテクニックにも驚嘆し、いわばひと目惚れ状態となったのだった。漫才はコンビあって成り立つ二人芸だが、そのえぐい眼差しは直井新一の才能の輝きにだけ、吸いよせられていったはずだ。

私は、これまでに何冊かの著者の作品を読んで、自分の素人的でしかもうろ覚えの芸能人の記憶をからめつつ、何度もうなずかされてきた。「笑い」の芸への眼差しと同様に、文中に登場する芸人の本質に迫る徹底した追求ぶりにたじろがされもした。事実の奥にある真実、その真実の奥や片隅にひそむ塵のごとき微小な噂まで拾い上げようとする執念ともいえる追求ぶりに舌を巻いたケースは、これまでの著作の中で枚挙にいとまがない。

ただ、文章として書かれる〝笑い〟や〝芸〟への追求途次で、著者がしばし足をとめて嘆息まじりの呟きのごとく綴られるひとくだりがあって、それがつねに気にはなっていた。それは、追求の鬼と化さねばならぬ自分の視界の彼方に、さらに追求しなければならぬ何かがうっすらと見えて、その正体に辿り着けぬまま、文を書き綴っていることへの、「笑い」の世界に身をおく者の矜持であるように思ったりもした。

著者は、そのまま文の歩をすすめることへの自省を、溜め息まじりのひとくだりで過剰に吐露せずにはいられない。そこからは、「笑い」という世界に向けるえぐい眼差しを徹底できぬうしろめたさと、文を書く立場としての誠実さが綯い交ぜとなった心情が伝わってくるのだ。そして、溜め息まじりに何度か立ちどまりながらも、ついに書き上げた作品の「あとがき」で、自己批判をふくむ反省を告白してしまうのだが、そのこだわりは、客観的に見ても解決できるや否やも分らぬ微細な事柄に向けられることが多いのだ。

その感触とは別に、著者があえて旗幟鮮明にしない事柄があるという気がするのだが、「笑い」のジャンルにおける通念としての暗黙の上下感覚への距離のとり方もそのひとつだ。考えてみれば、著者が惚れ込み、愛する〝笑い〟の世界の芸人の理想像は、ジャンル的上下関係の〝上〟の部位に属する〝笑い〟の担い手ではなさそうだ。〝上〟の部をおびやかす存在としての瞬間的爆発力をもちつつ、根本の軸を〝下〟の部に属する〝芸〟に突き刺した、儚い光と輝きをおびた存在だという気がするのである。

相撲に入ったら横綱に、会社に入ったら社長に、政治家になったら総理大臣に……という末は博士か大臣かの的な古風な価値観は、今日になってもあらゆるジャンルで脈打ちつづけている。ただ、その価値観によって醸成される上昇志向の中で〝上〟の位を得ている側の成功者たる芸人たちに、著者が異議をとなえたり批判したり攻撃したりすることはなさそうだ。にもかかわらず、巧みな構えで、シカトしているけはいを感じなくもないのだ。

シカトは、花札の十月の「鹿十《しかとお》」からくる言葉で、札に描かれる鹿が横を向いている無、、視の様《さま》をあらわしているというが、見て見ぬふりにも通じるセンスでもあるだろう。澤田隆治は「笑い」から脱出した成功者たる芸人に対しては、敬して遠去ける独特のクールさを堅持しているように感じられるのだ。

かつて〝軽喜劇〟に対して〝重喜劇〟を標榜する俳優たちがいたような気がするが、〝重〟が上位で〝軽〟が下《げ》の部とするのが、この価値観の本音なのだろう。その意味での〝重〟さを手にした「笑い」出身の成功者としては、森繁久彌、伴淳三郎、三木のり平、山茶花究、渥美清などを頂点とする何人かが思い浮かぶが、これは当人たちの本質というより見る側に感染している世間的価値観のもたらす構図であり、分け入れば慎重に解析しなければならぬ問題がからんでいるのもたしかだ。コント芸人や喜劇役者から俳優への、肩書き的出世と切り捨てられぬ問題を多くはらむテーマでもあるだろう。

著者がこれらの芸人に不快感をもって対峙する姿勢を、旗幟鮮明にした例を私は寡聞にして知らない。この作品の中でかつての盟友ともいえる藤田まことに触れるさいの、撫でるような感触の奥の方に、敬して遠ざける本音がちらりと見え隠れするのを感じさせられるくらいなのだ。ただ、その『てなもんや三度笠』においても、脚本に香川登志緒を起用しているあたりに、演芸作家が舞台作家より一段低いとされていたあの時代におけるテレビディレクターとしての著者の反骨の気概が、こんなところから伝わってくるというあんばいなのだ。

話をよこばいさせるようだが、コント芸人からテレビへ、さらに映画へと活躍の場を広げながら、ついに世間的上昇志向と本気で握手することのなかった例として、由利徹という存在がちらりと思い浮かぶ。〝カックン!〟の必殺ギャグが大爆発し、全国的人気を博したあとを、東宝で大ヒットした森繁久彌の〝社長シリーズ〟をおちゃらかしたような新東宝の映画〝社長シリーズ〟で主役をつとめたかと思うや、見るまに〝カックン!〟の由利徹に平然と立ち戻る、不思議とも映る自然体のありさまが見事だった。大衆を湧き立たせたギャグの領域をおろそかにしない生真面目さと頑固なプロ意識、それに世間的上昇志向を嘲笑う意地が溶け合った稀有な存在であった由利徹からは、ギャグというものの偉大なる底力と果てしなき愛が感じ取れるのだ。

さて、そろそろルーキー新一に立ち戻らねばなるまい。著者は往年のラジオ番組『漫才教室』で直井新一という若者と出会ったとき、その彼方に描く理想像として、由利徹のような大衆の側に軸を突き刺し、そこに天性のかわいらしさを加えたしたたかな芸人像を見ていたかもしれない……というのはいささか穿《うが》ちすぎかもしれぬが、この作品を読むと、そんな無いものねだりをルーキー新一に若き日の著者がかさねゆだねたと信じたくなるのだ。だが、ルーキー新一の〝その後〟には、著者にとって思いもかけぬ、芸人としての軌道からの脱輪をくり返す人生が待っていたのだった。

『漫才教室』のコンテストで連覇は果たしたものの、ルーキー新一の芸の光の前に相方の影が薄くなり、そんな事情の中で、一人芸のコメディアンとしてのルーキー新一が誕生する。

テレビディレクターとなった著者は待っていましたとばかり、自身が立ち上げた『てなもんや三度笠』などに彼を起用してゆく。ルーキー新一は、ストーリーの軸とかかわりのない夜鳴きそば屋、神官、旅芝居の座長、漁師、丁稚などのちょい役、あるいは冒頭シーンのつかみ役で登場し、着実に笑いをとり人気を加速させていった。そんな中から「イヤーン、イヤーン！」という伝説的大ヒットをはじめとするギャグがヒットしていったのである。

だが、さらにこの作品で明かされるのは、人気絶頂期にもかかわらず……というより人気絶頂を利用した、ルーキー新一の異常な賭け事への傾斜と借金癖、それに酒の誘惑のとりこになるといった宿痾の持病だった。

借金の現場における涙の借金申し込み芸もすさまじい。過剰な演技によって、かなり吝《しわ》い相手も落としてしまうのだが、その必殺ワザを際立たせるのが、生まれ持った天性の無垢な顔立ちをゆがめて放たれる涙だった。大量に稼ぐ金もいっぺんに体を通り抜けて、借金に吸い込まれてゆくなりゆきとともに、本引き賭博場にまで顔を出していたという賭事に淫する性根がからんでもいた。貸し手と借り手……、借金がこの一対一の関係でケリがついている場合はまだ個人生活の領域だが、借金取りが楽屋や事務所へ押し寄せるケースがふえて、せっかく入った吉本興業を辞めざるを得ぬ仕儀につながってゆく。巻き返しのため自ら「ルーキー爆笑劇団」を主宰し、その勇気にファンから拍手を送られたりもしたが、それもいっときの微風みたいなものだった。

そんなありさまを辛抱づよく見守っていた著者は、吉本興業に頭を下げて了解を取りつけ、自身が手がけていた『スチャラカ社員』のメンバー一新をきっかけとして、ルーキー新一をレギュラーに加えた。

著者はそのさい、ルーキー新一に〝レギュラー出演者から金を借りぬこと〟という条件をつけ、一方で出演者にはルーキー新一が借金を申し込んでも貸さないよう釘を刺した。そんなながれとともにルーキー新一は、ビートルズ来日公演の司会をつとめたり、ＮＨＫ

『夢であいましょう』で人気を博していたE・H・エリックと組んだテレビコマーシャルに「これはエライことですよ」のギャグとともに参加したりして、その面白さの幅を広げ人気を上げていった。ところがある日、著者がルーキー新一と絶縁せざるを得ぬ出来事が起こってしまった。

そんなある日、ルーキー新一がお願いがあるというので、会ったら、母親がガンで死にかかっている。すぐに入院させてやりたい、申し訳ないがコマーシャル料を早くいただけないだろうかと、涙ながらの頼みである。

広告代理店は支払期日が決まっていて急には間に合わない。私は家へ電話して銀行へ走らせたり、無理算段して何とか金を用立てた。

このひとくだりには、苦渋の決断にいたるまでの著者の複雑な思いが込められている。それとともに、見るまに流行児となり見るまに借金地獄にはまり、人の心を見る眼を失って泣きを演じさらなる借金をかさねていくルーキー新一のどうしようもない性根は、光り輝く才能や魅力と表裏一体をなすものでもあったが、ついに満開を見ることのない徒花《あだばな》の業《さが》だと、著者も見切らざるを得なかった。熱い愛が裏切られた僥さと寂しさを込めた文章が読み手の胸に突き刺さるようである。

さらに著者はもはや密着的つき合いからは程遠くなっていたルーキー新一の逮捕を、唐突に知らされることになる。逮捕される一年ほど前の巡業の旅館で、一座の女優が入っている風呂を覗いた会社重役に、一座の者が制裁を加えて一か月のケガを負わせた現場に、ルーキー新一は居合わせていたのだった。そのあと慰謝料として三十万円を脅し取った疑いで逮捕されたのだった。その上、慰謝料の交渉役をしていたマネージャーが、反社会勢力の元組員だったと判明すると、世間の目がさらにけわしくなった。ルーキー新一が、叩きがいのあるタレントに成り上がっていたのはたしかだったのだが……。

その後、スキャンダルにさらされながら刻々と仕事を失ったが、新東宝から東映に移っていた若山富三郎の厚意で何本かの東映作品に出演し、レコードを出したりしたものの、借金地獄が消えることも生活が軌道に戻ることもなかった。

著者のすすめによって東京にで、玉川良一の世話にもなったあと、浅草松竹演芸場で「芸能生活十五周年・ルーキー新一劇団初公演」が実現することになった。公演自体は大成功となったが、さらに底をついた生活苦のための借金行脚は止まらなかった。「朝から酒をのむという荒れた生活が糖尿病を速めさせ、ルーキー新一からかわいらしい顔を少しずつ奪っていった。」

さらに時がながれ、ルーキー新一の訃報を著者は唐突に知らされることになる。「あまりにも寂しい死であることがわかったが、聞くにしのびなかった」と著者は書いている。ルーキー新一をめぐるタラレバのくり返しが、著者の頭の中で激しく去来していたことだろう。人望も活躍の場も失い、借金と病いのみが残る彼を思えば、宝の持ちぐされとも言える天使のごとき童顔をよみがえらせる手だてなど思い浮かばず、手をさしのべるすべもなかった。

そんなルーキー新一の四十四歳での寂しく若すぎる死から、さらに四十年の歳月がたち、著者は使命感に突きうごかされるようにこの作品を書くことに腰を上げた。「ルーキー新一のその後を記しておかねばならぬ」という心境で、その作業への着手を決心したのだった。ようやく着手……というより、よくもそこまでルーキー新一という存在をたずさえていたものだと、著者のこだわりの強さに私は感服させられた。かつて天才と見立て表舞台へ連れ出したルーキー新一への、澤田隆治流の責任のとり方かもしれない。いったんつかんだつもりの掌の内から、よろめきつつ逃れ飛んで心もとなく宙をさまよう蛍……その飛翔とは程遠いそんなルーキー新一の正味の姿を、痛恨の想いで透し見ようとする著者という絵柄が私の頭に一瞬、浮かんで消えた。

この作品を読んで、複雑な心もようにみちた著者の深層の一端を、私なりにのぞいた気分にひたらせている。生まれ持った天使のごとき邪気のない童顔の輝きを駆使して「イヤーン、イヤーン」の必殺ギャグを放つ天賦の芸、その天使のごとき童顔をぐしゃぐしゃにくずした滂沱の涙芸で借金を乞う破格の天才芸……、この二つの才能を兼備するそこにえぐい眼差しで見守る澤田隆治という存在を登場させれば、ルーキー新一はフィクションの主人公として贅沢ともいえる条件にみちみちた存在なのだ。だが、二つの才能を兼備して現実世界に生きる生《なま》の存在としての直井新一の人生は、成就することのない分裂の宿命にとり込まれざるを得ない男ということになるだろう。

深い縁をもつ著者には、ルーキー新一に身勝手なフィクションの衣を着せぬという心がまえのもとに、この作品に取り組んだけはいがあり、完璧な満足感の手前で筆を措かざるを得なかった無念さがやはりあとがきにただよっている。だが、くり返しになるがその無念の吐露ぐるみの著者の味なのだ。

そして、笑いの芸人から喜劇役者へさらに演技派の俳優へ……というながれの埒外に、ルーキー新一が存在したという評価も、この作品の隠し味として強く伝わってくる。ともすれば上昇志向の感染を受ける要素をはらむテレビむけ芸人でありながら、賭けごとと借金と酒のため、その感染をかろうじて避けることができたその宿命的事実こそが、えぐい眼差しをもつ著者をして、かくも長きにわたる時をへた果てに執筆に向かわせた、ルーキー新一の残像からくみ取ることのできる大いなる価値ではないだろうか。いま私は、おぼろげにしか記憶になかった、ルーキー新一のファンになっている自分に不意に気づかされ、ちょっと得をしたような気分にひたっている——。

（著者紹介）
澤田隆治（さわだたかはる）
メディアプロデューサー
1933年大阪生まれ
日本映像事業協会名誉会長、放送芸術学院校長
吉本興業「THE舶来寄席」エグゼクティブ・プロデューサー
東京映画・俳優&放送芸術専門学校学校長
放送芸術学院専門学校学校長

表紙カバーデザイン：石原毅
本文デザイン・DTP：東海創芸

ルーキー新一のイヤーンイヤーン人生

2021年6月20日　初版第1刷発行

著　者　　澤田隆治
発行者　　佐藤　秀
発行所　　株式会社 つちや書店
〒113-0023　東京都文京区向丘1-8-13
電話 03-3816-2071　FAX 03-3816-2072
HP http://tsuchiyashoten.co.jp/
E-mail info@tsuchiyashoten.co.jp
印刷・製本　　株式会社暁印刷

落丁・乱丁は当社にてお取り替え致します。